MATHETIGER

Basistraining

1

Herausgegeben von

Thomas Laubis

Erarbeitet von

Thomas Laubis
Eva Schnitzer

Inhaltsverzeichnis

1

 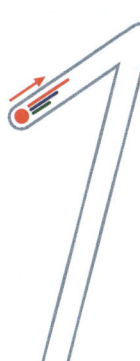 

2

3

Die Ziffer 2

1

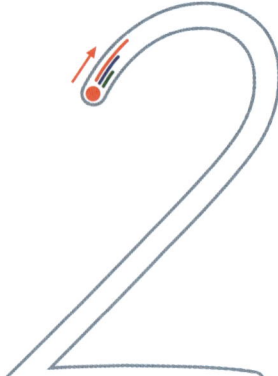 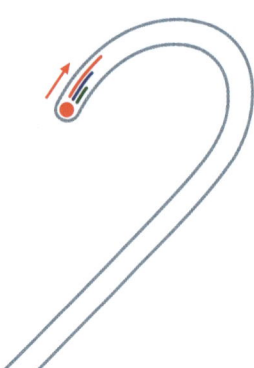 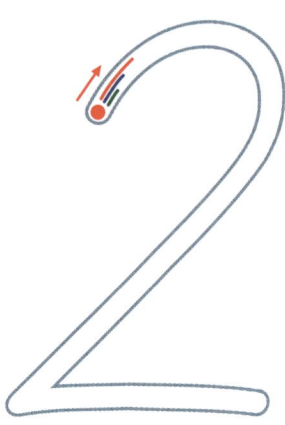

2

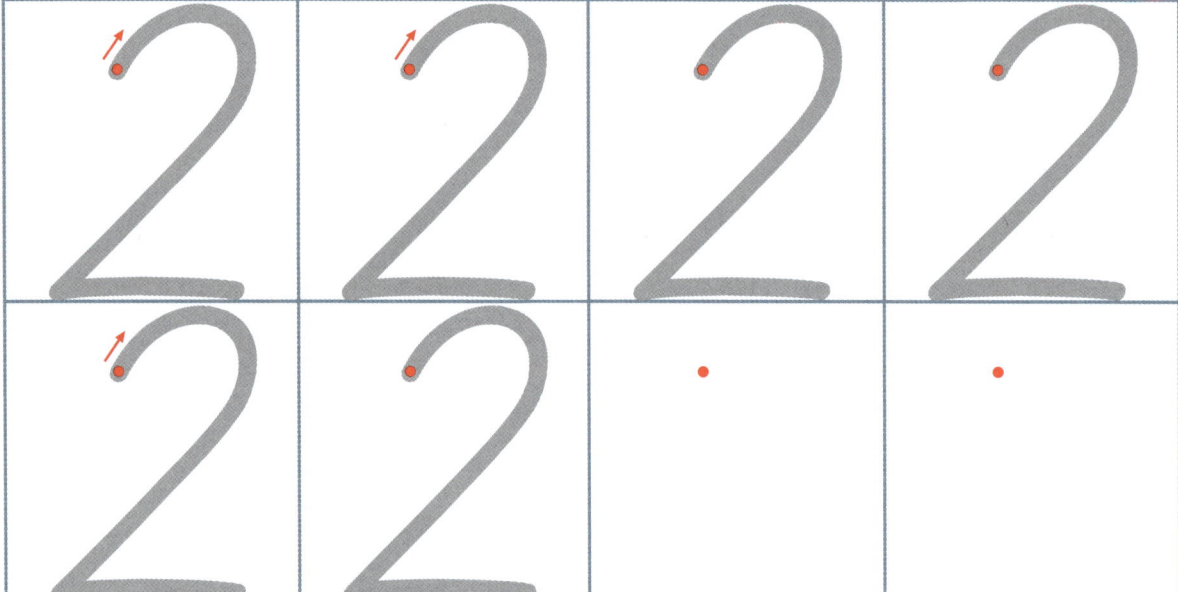

3

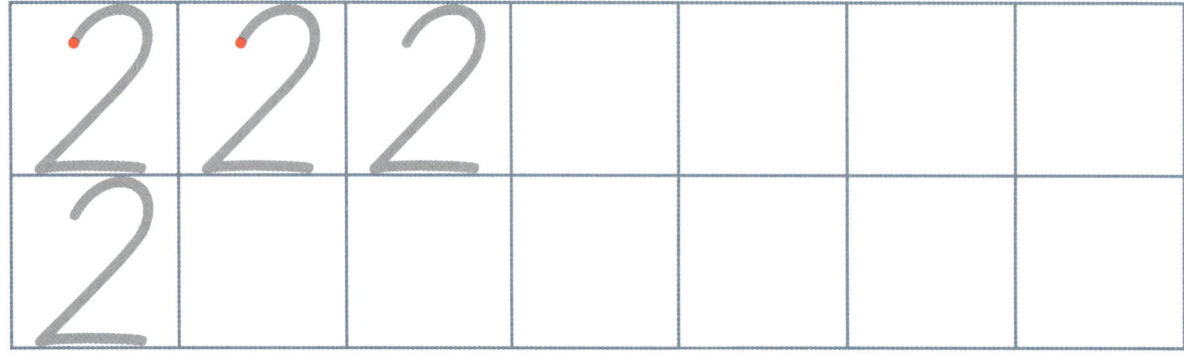

1 Ziffer 2 mit mehreren Farben nachspuren
2, 3 Ziffer 2 nachspuren und weiterschreiben

1

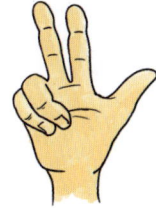

2

3 3 3 3

3 3 · ·

3

3 3 3

3

1

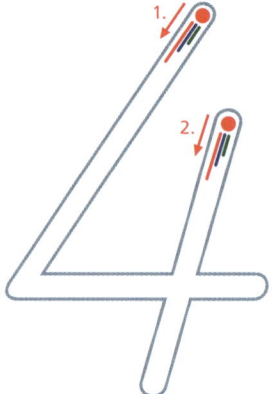 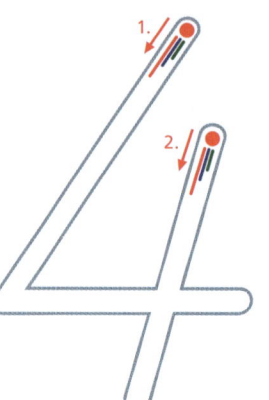 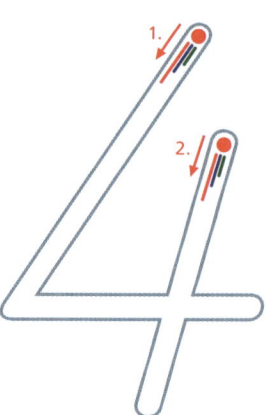

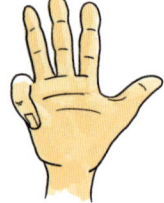

2

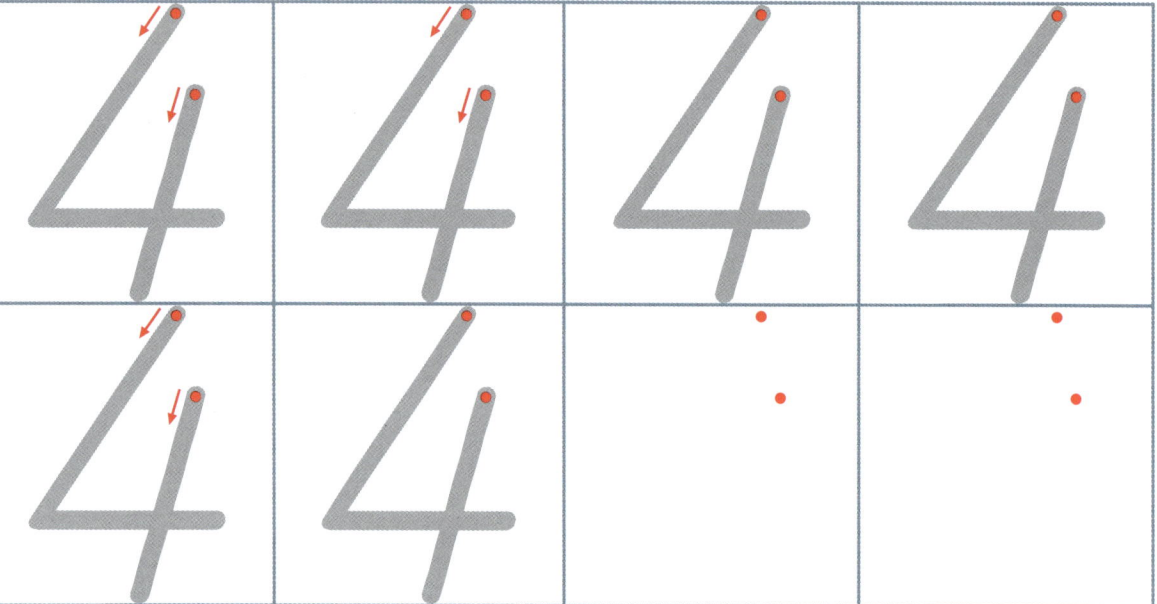

3

1 Ziffer 4 mit mehreren Farben nachspuren
2, 3 Ziffer 4 nachspuren und weiterschreiben

1

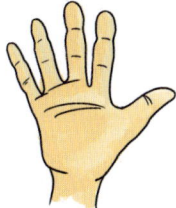

2

3

1 Ziffer 5 mit mehreren Farben nachspuren
2,3 Ziffer 5 nachspuren und weiterschreiben

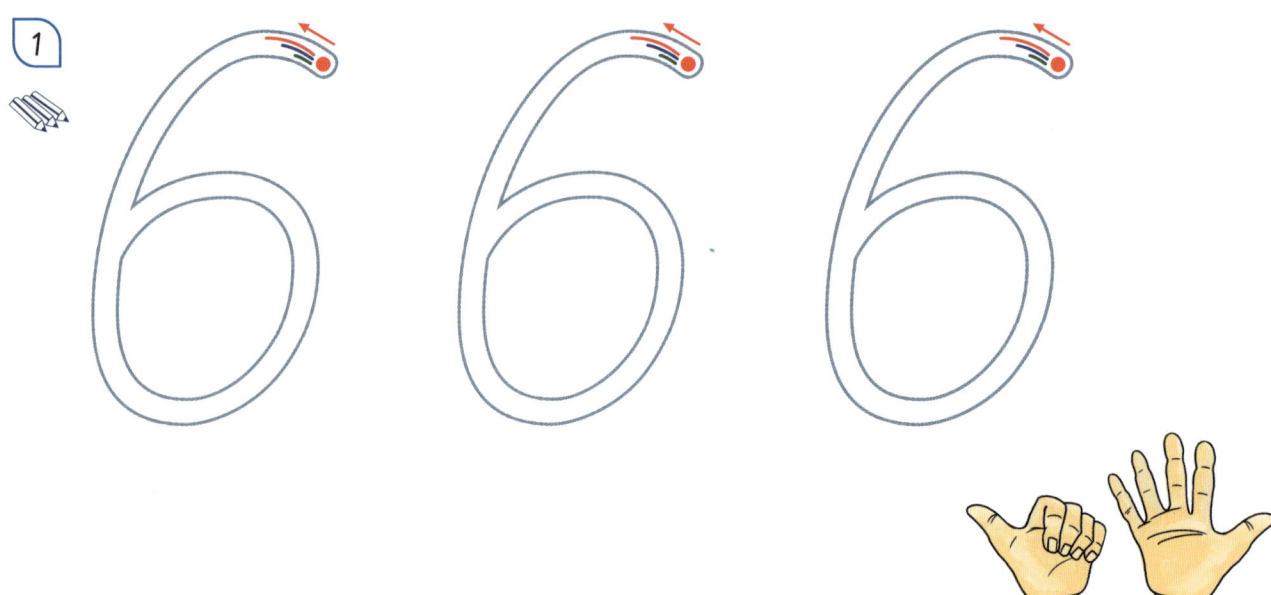

1 Ziffer 6 mit mehreren Farben nachspuren
2,3 Ziffer 6 nachspuren und weiterschreiben

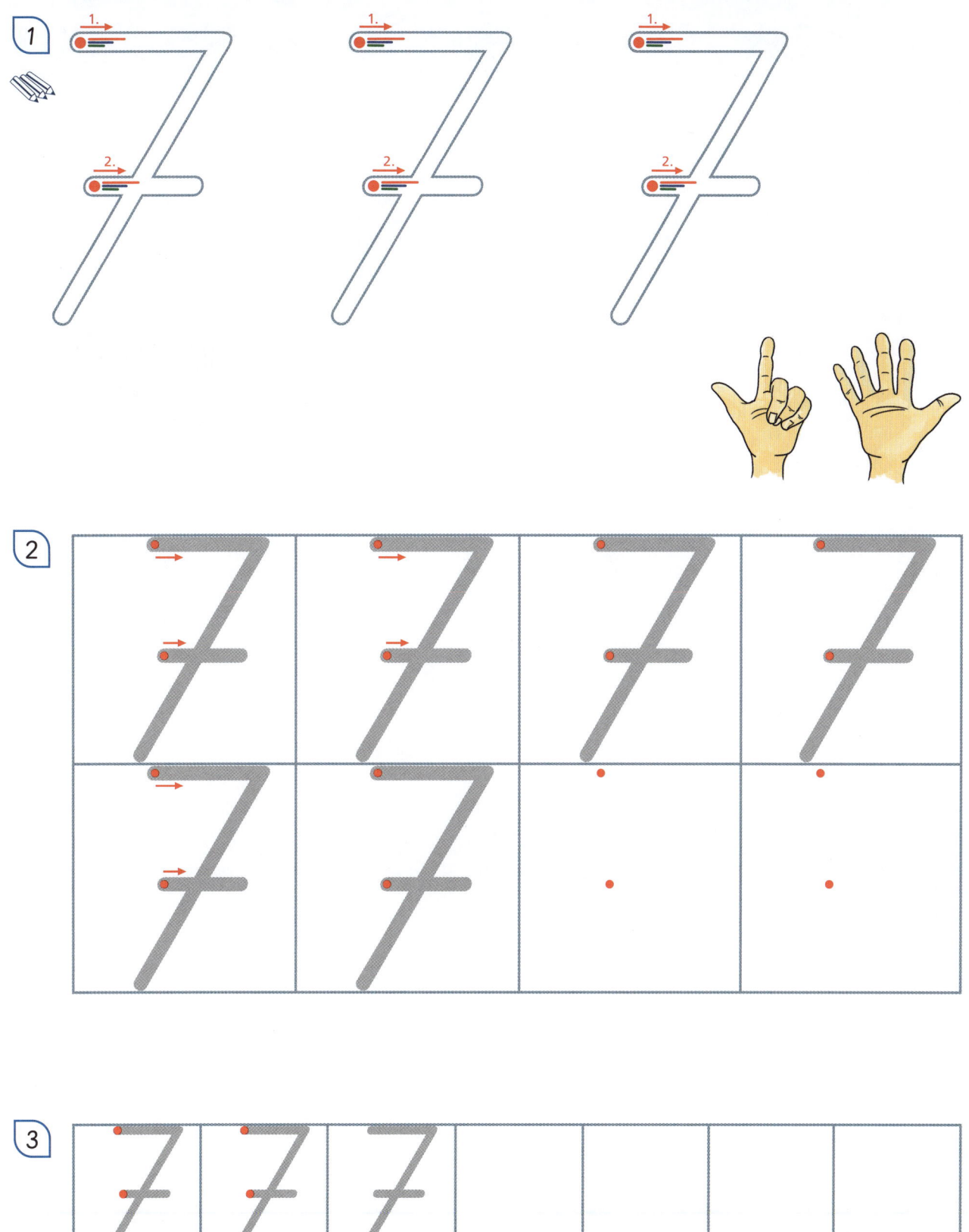

1 Ziffer 7 mit mehreren Farben nachspuren
2,3 Ziffer 7 nachspuren und weiterschreiben

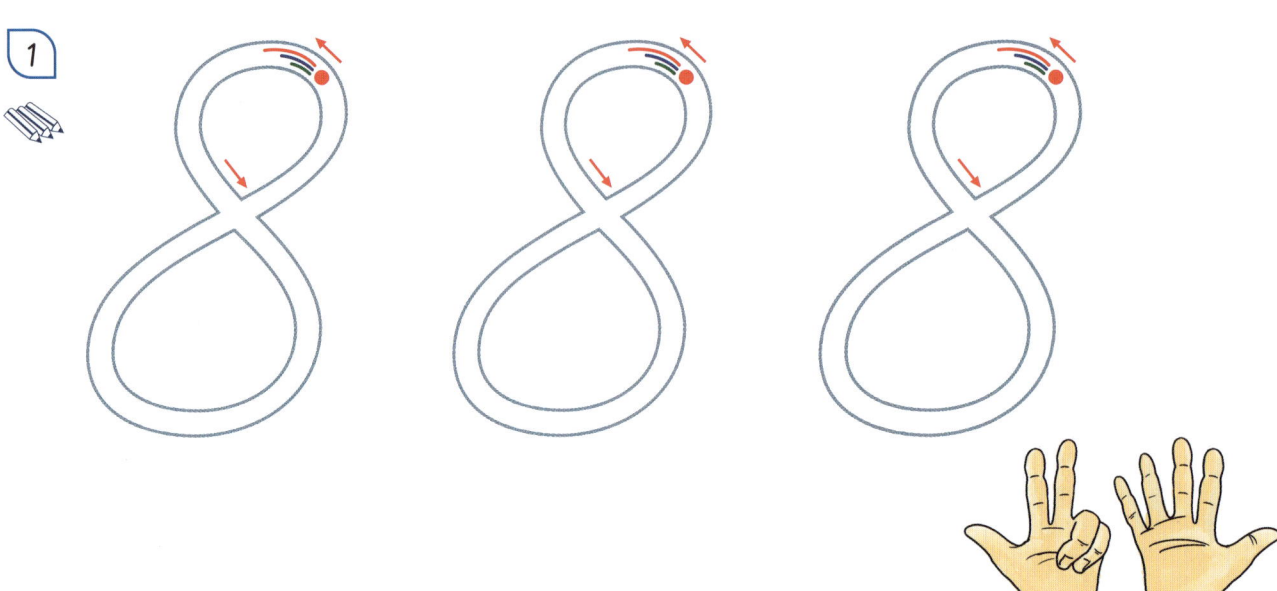

1 Ziffer 8 mit mehreren Farben nachspuren
2,3 Ziffer 8 nachspuren und weiterschreiben

1

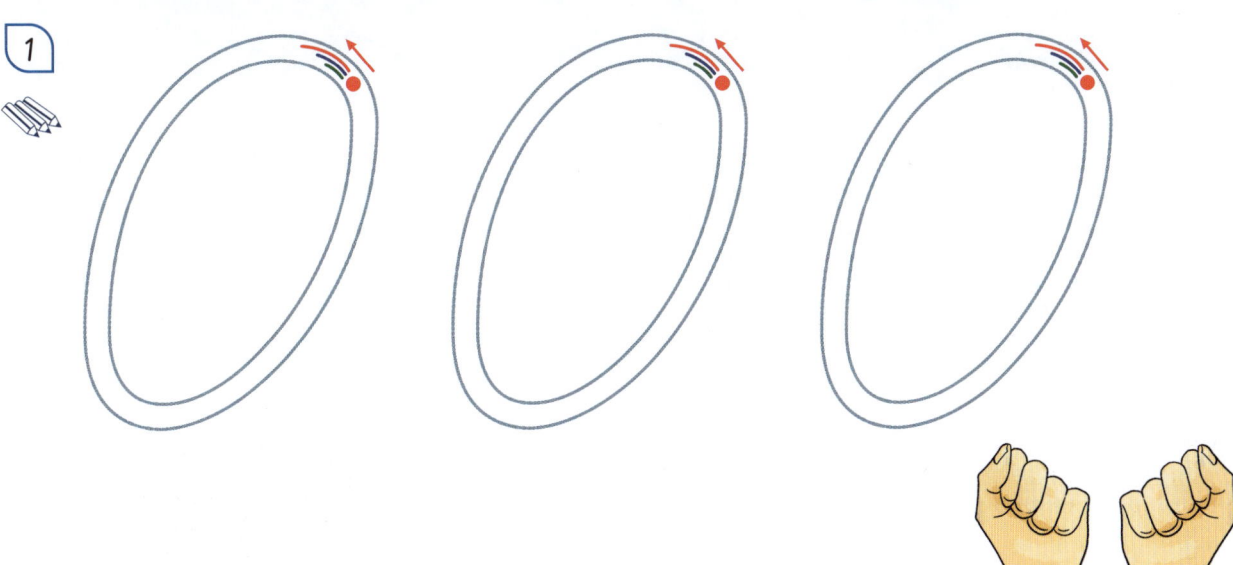

2

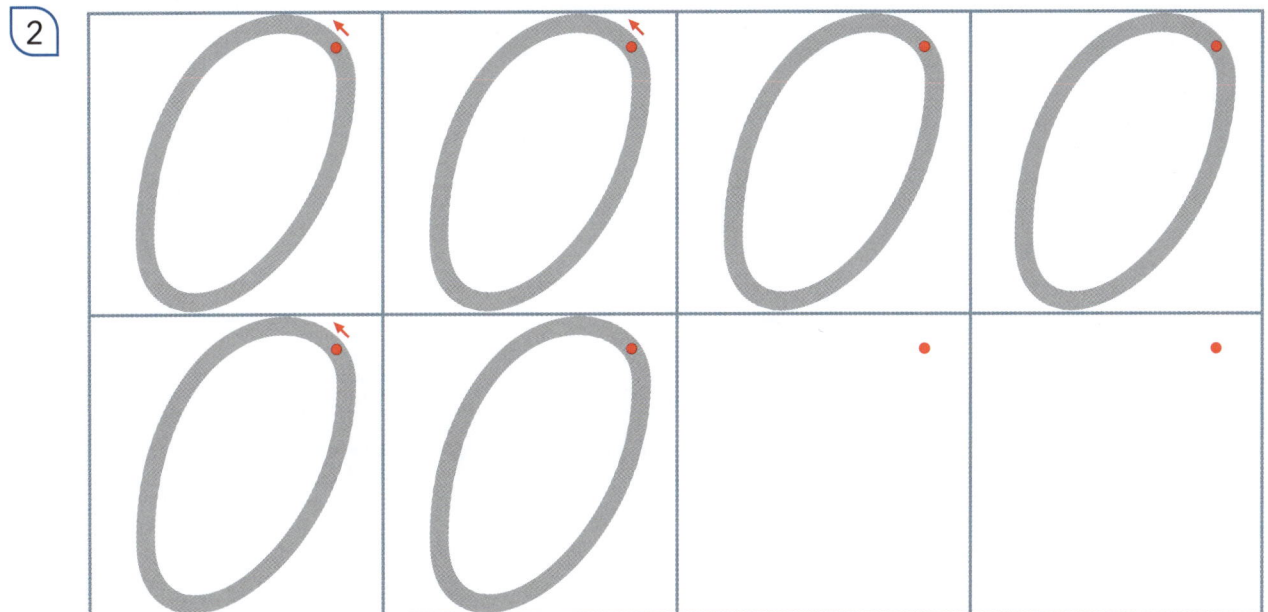

3

1

2

3

1 Ziffer 9 mit mehreren Farben nachspuren
2, 3 Ziffer 9 nachspuren und weiterschreiben

Mehr, weniger, gleich viele

 Verbinde.

Mengen durch Eins-zu-Eins-Zuordnung vergleichen

✏️ Verbinde mit der richtigen Zahl.

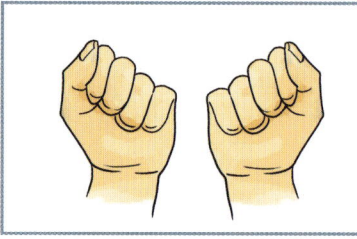

 0

1

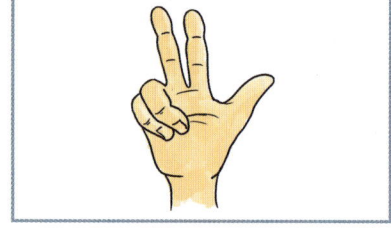

2

 3

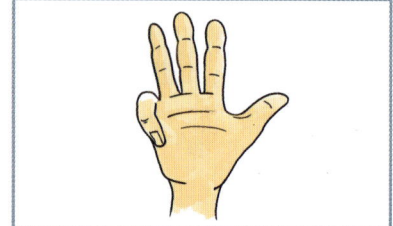

4

5

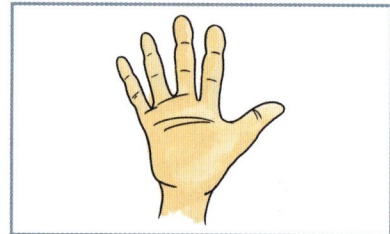

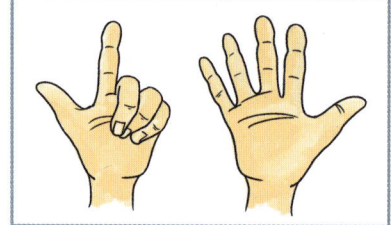

6

 7

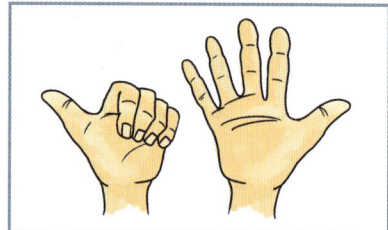

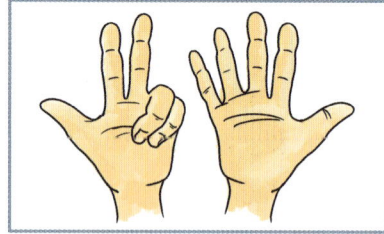

8

9

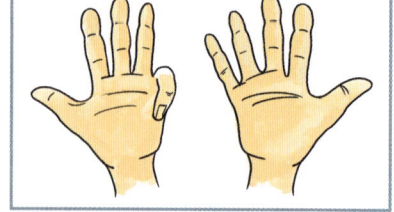

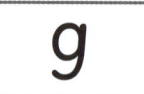 10

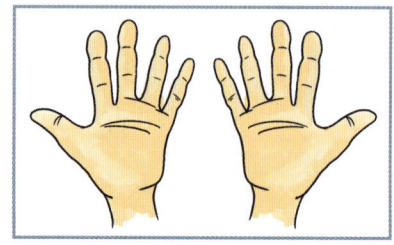

1 Immer 2.

2 Immer 3.

3 Immer 4.

1–3 Mengen entsprechend der Vorgabe bündeln

1 Immer 4.

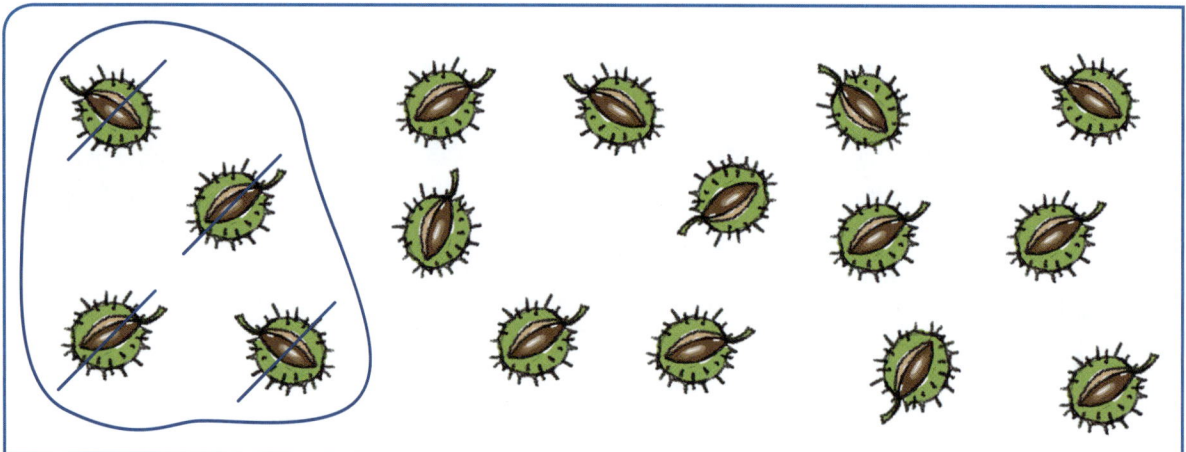

 2 Immer 5.

 3 Immer 6.

 Lege und male.

3

2

4

1

6

5

g

8

7

10

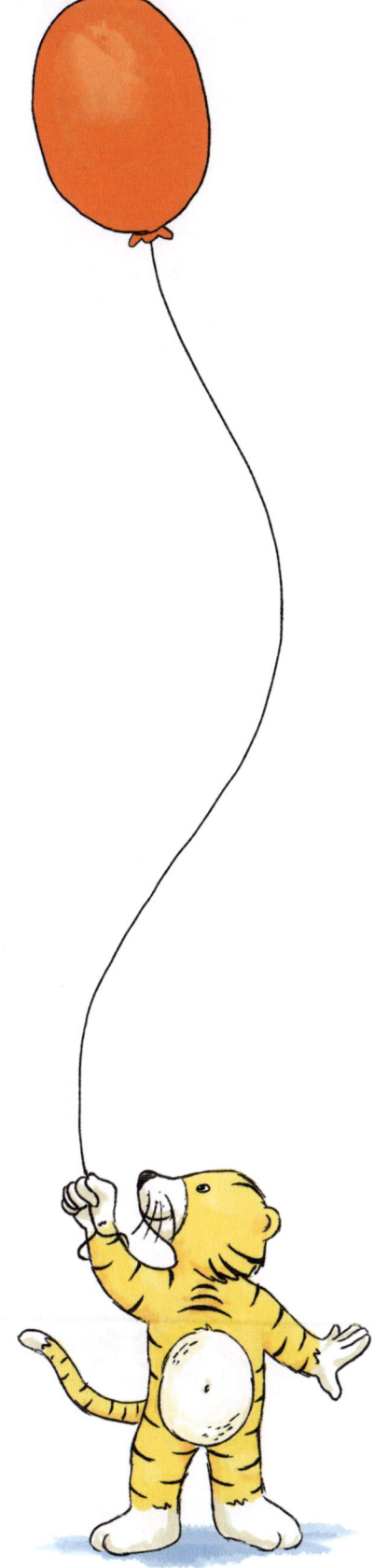

Wie viele? Lege und schreibe.

4	

	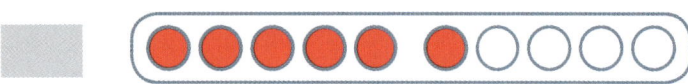

	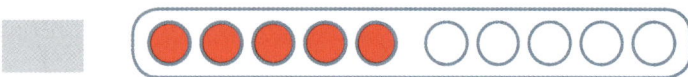

	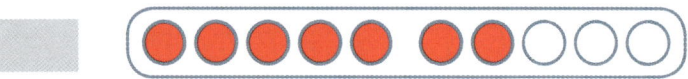

	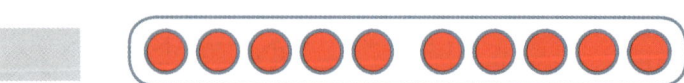
	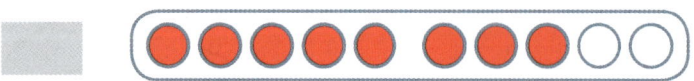

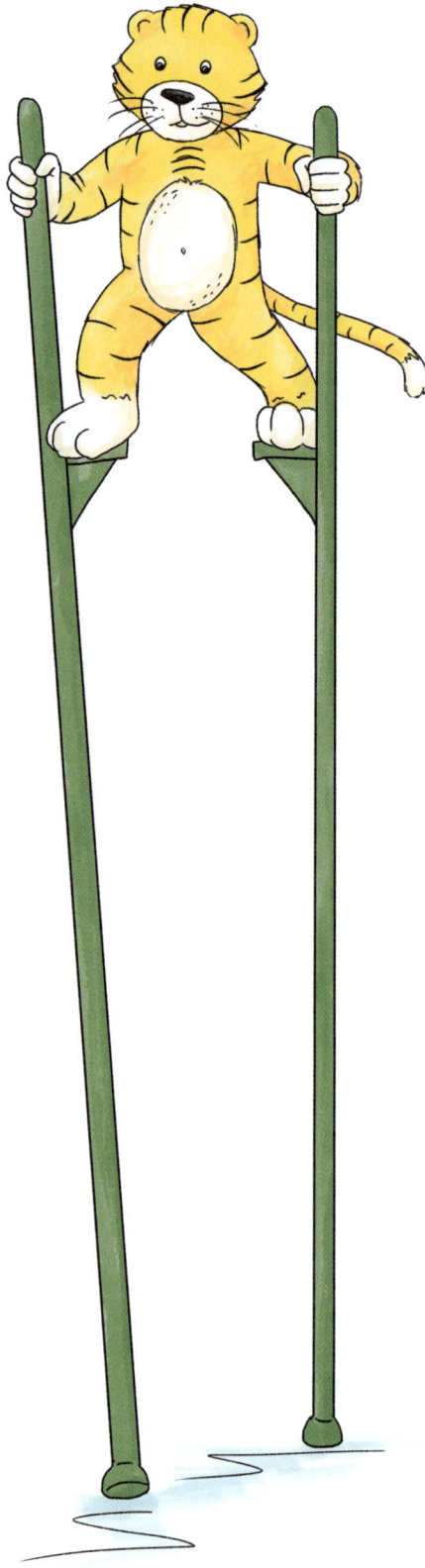

Zehnerfeld (ausklappbare Umschlagseite) und Wendeplättchen (Beilage 3) verwenden

1 Wie viele? Baue nach und schreibe.

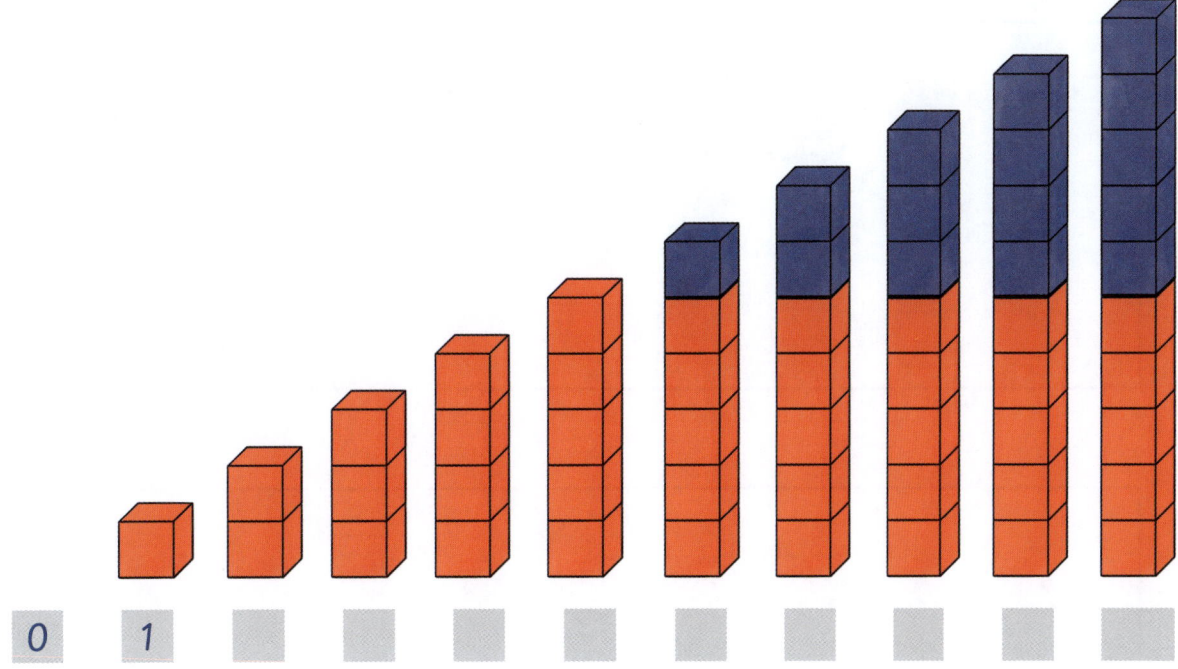

0 1

2 Trage die fehlenden Zahlen ein.

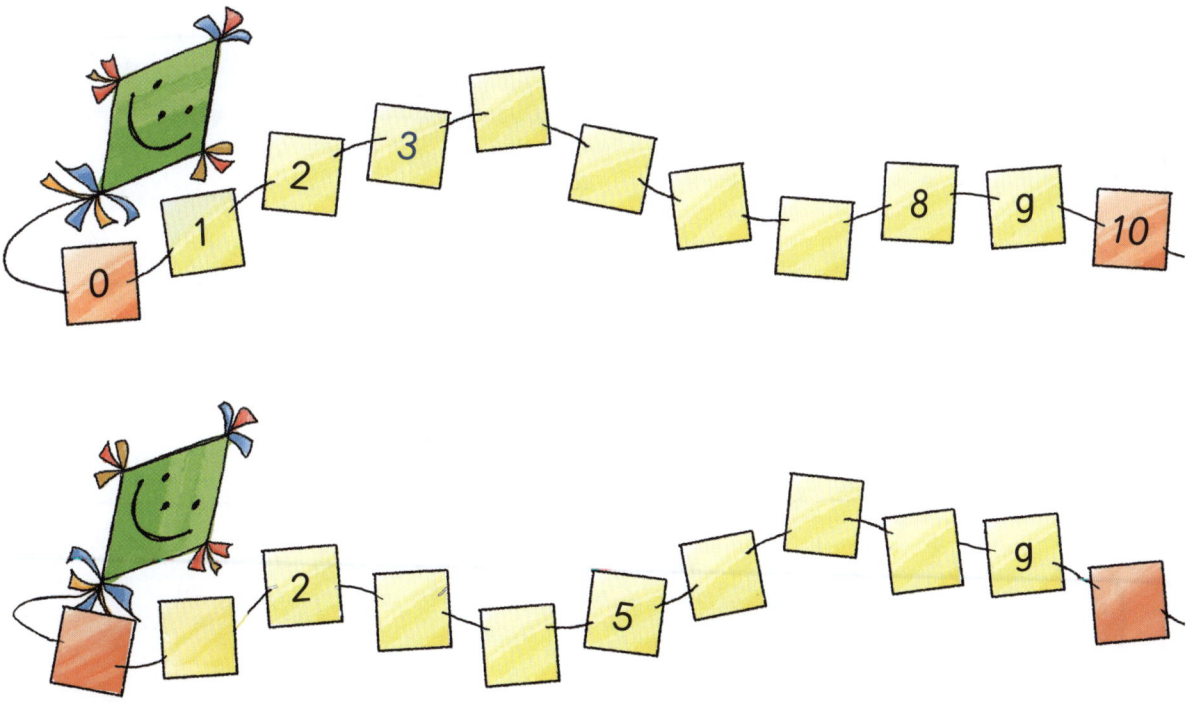

0 1 2 3 8 9 10

2 5 9

Spure nach.

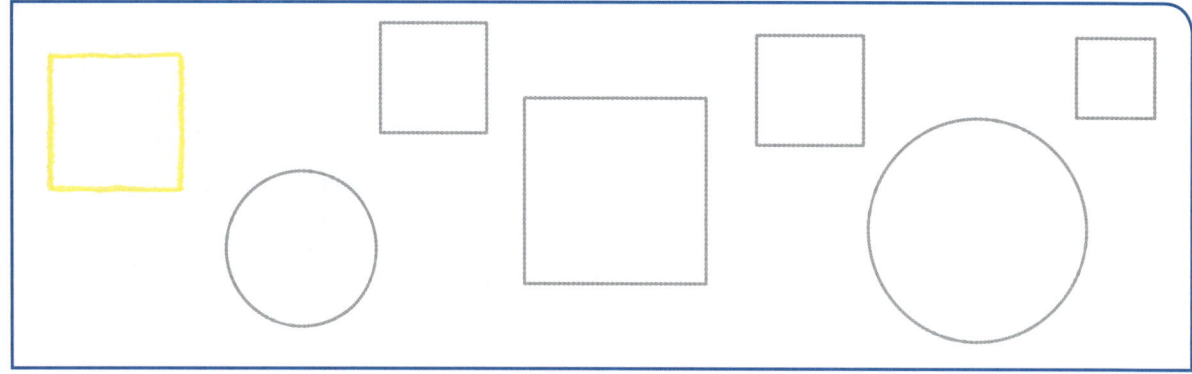

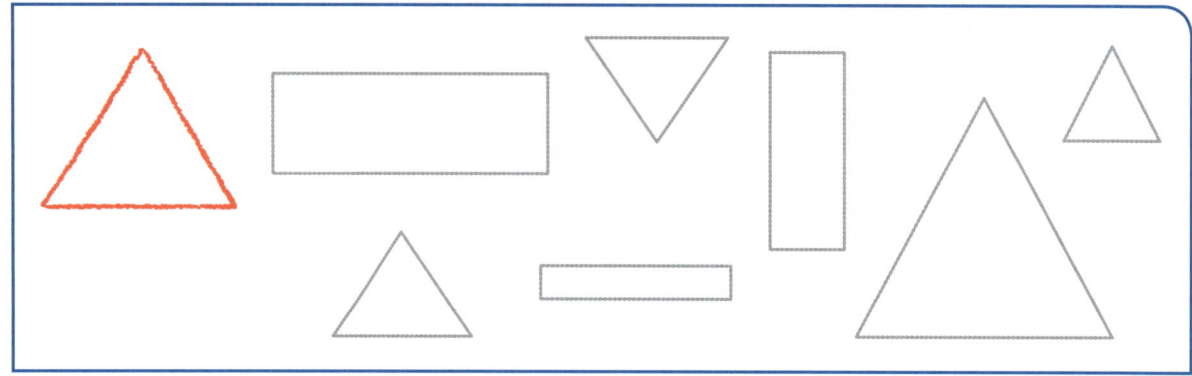

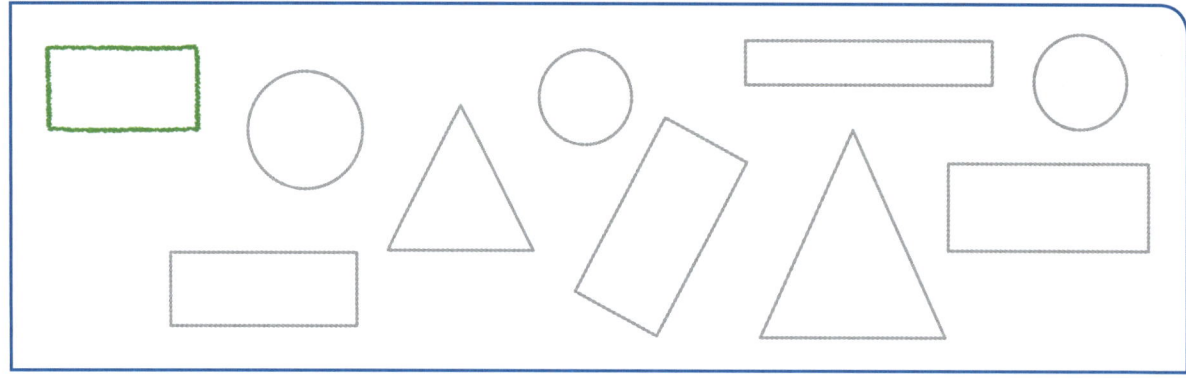

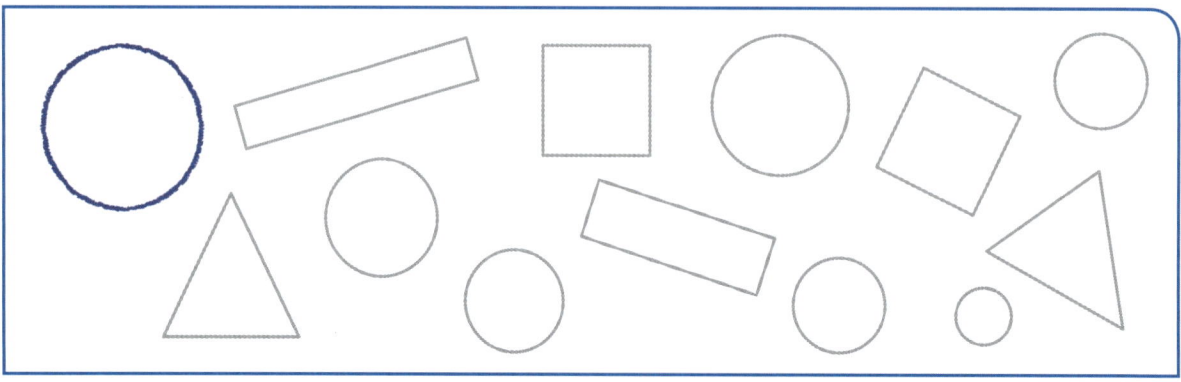

Formen entsprechend der Farbvorgabe nachspuren

1 Wirf 3 Plättchen. Ordne, male und schreibe.

◯◯◯
```
    3
  -----
    +
```

◯◯◯
```
    3
  -----
    +
```

◯◯◯
```
    3
  -----
    +
```

◯◯◯
```
    3
  -----
    +
```

2 Schreibe.

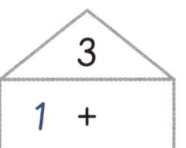
```
     3
  -------
  1  +
```

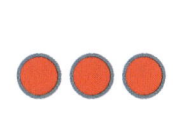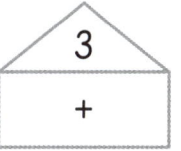
```
     3
  -------
     +
```

3 Lege und male.

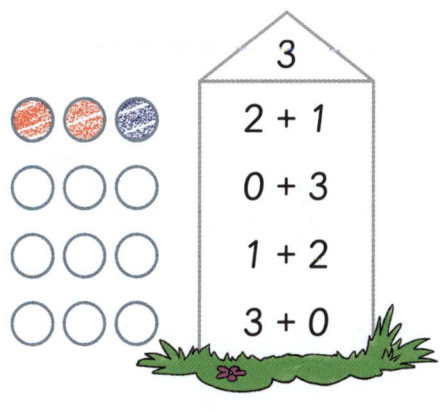
```
     3
   2 + 1
   0 + 3
   1 + 2
   3 + 0
```

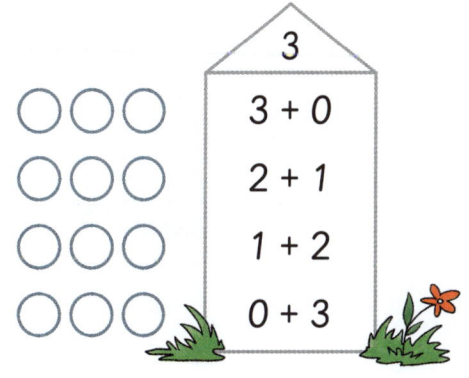
```
     3
   3 + 0
   2 + 1
   1 + 2
   0 + 3
```

1 Wirf 4 Plättchen. Ordne, male und schreibe.

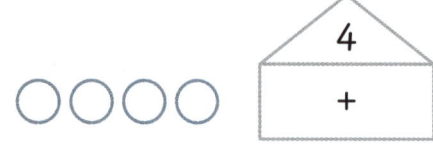

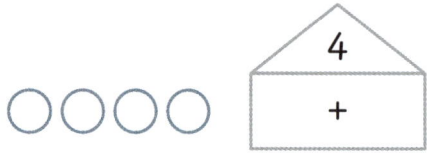

2 Schreibe.

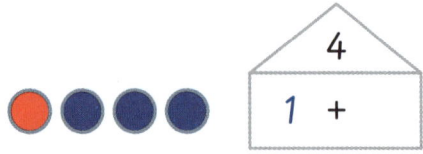

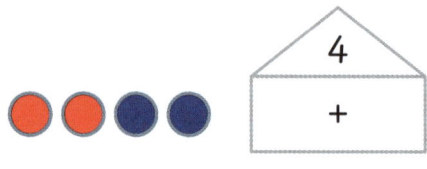

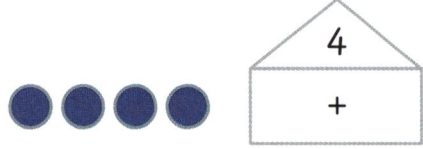

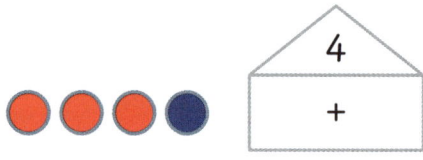

3 Lege und male.

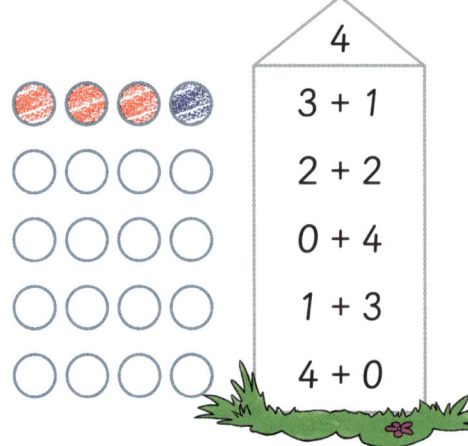

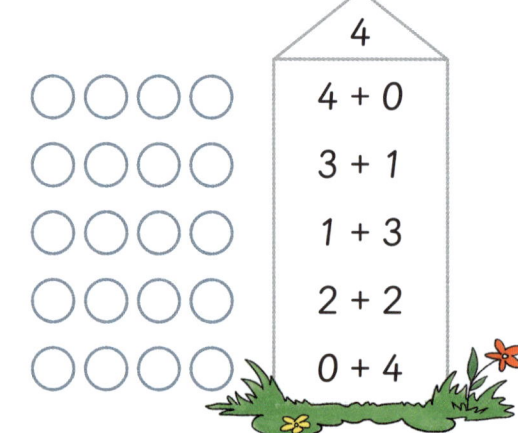

1 Wirf 5 Plättchen. Ordne, male und schreibe.

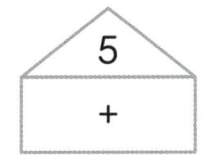

2 Schreibe.

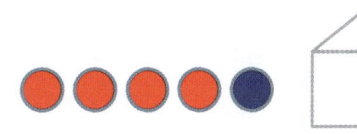

3 Lege und male.

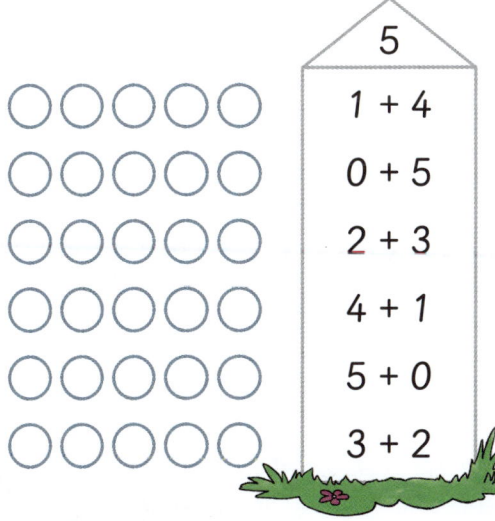

5
1 + 4
0 + 5
2 + 3
4 + 1
5 + 0
3 + 2

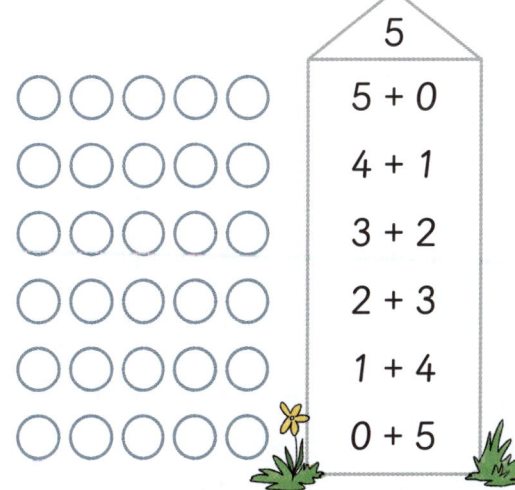

5
5 + 0
4 + 1
3 + 2
2 + 3
1 + 4
0 + 5

1, 3 Wendeplättchen (Beilage 3) verwenden

1 Wirf 6 Plättchen. Ordne, male und schreibe.

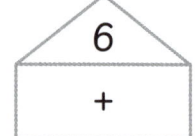

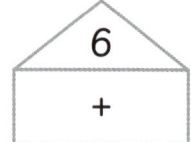

2 Schreibe.

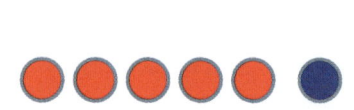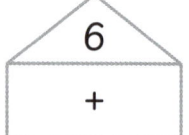

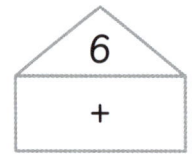
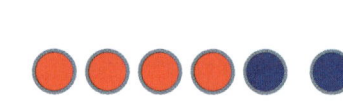

3 Lege und male.

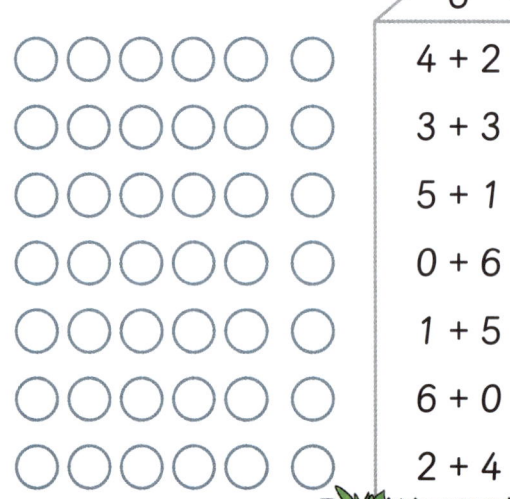

6		6
4 + 2		6 + 0
3 + 3		5 + 1
5 + 1		4 + 2
0 + 6		3 + 3
1 + 5		2 + 4
6 + 0		1 + 5
2 + 4		0 + 6

Größer, kleiner, gleich

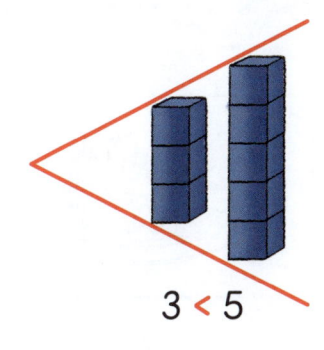

3 < 5

3 ist kleiner als 5

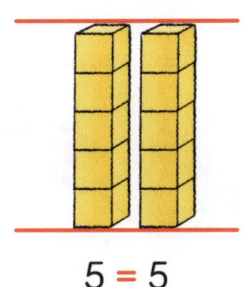

5 = 5

5 gleich 5

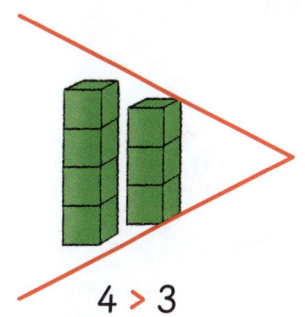

4 > 3

4 ist größer als 3

---

1 Baue und vergleiche.

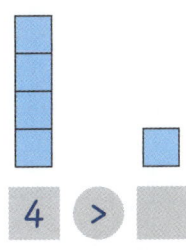

4 > ⬜

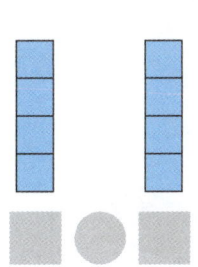

⬜ ⬤ ⬜

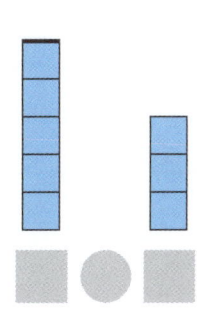

⬜ ⬤ ⬜

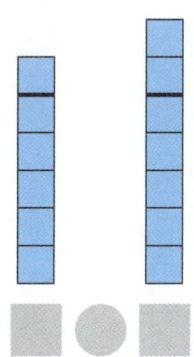

⬜ ⬤ ⬜

---

2 Baue, male und vergleiche.

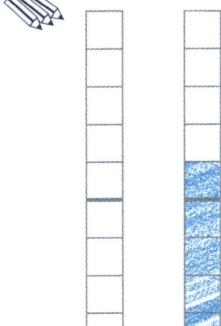

1 < 6

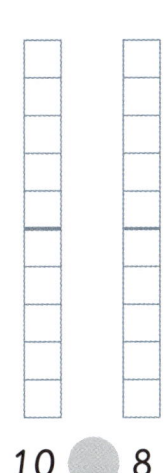

10 ⬤ 8

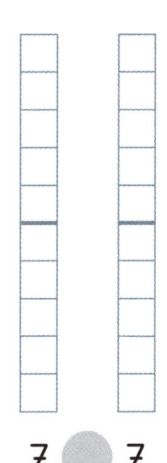

7 ⬤ 7

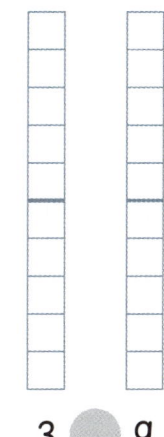

3 ⬤ 9

---

3 Setze ein: >, < oder =

2 ⬤ 4   5 ⬤ 1   3 ⬤ 3   6 ⬤ 2

8 ⬤ 8   4 ⬤ 7   9 ⬤ 6   0 ⬤ 9

1, 2 Steckwürfel verwenden
3 Ggf. Türme bauen, passende Relationszeichen eintragen

25

Plusaufgaben finden

1 Rechne.

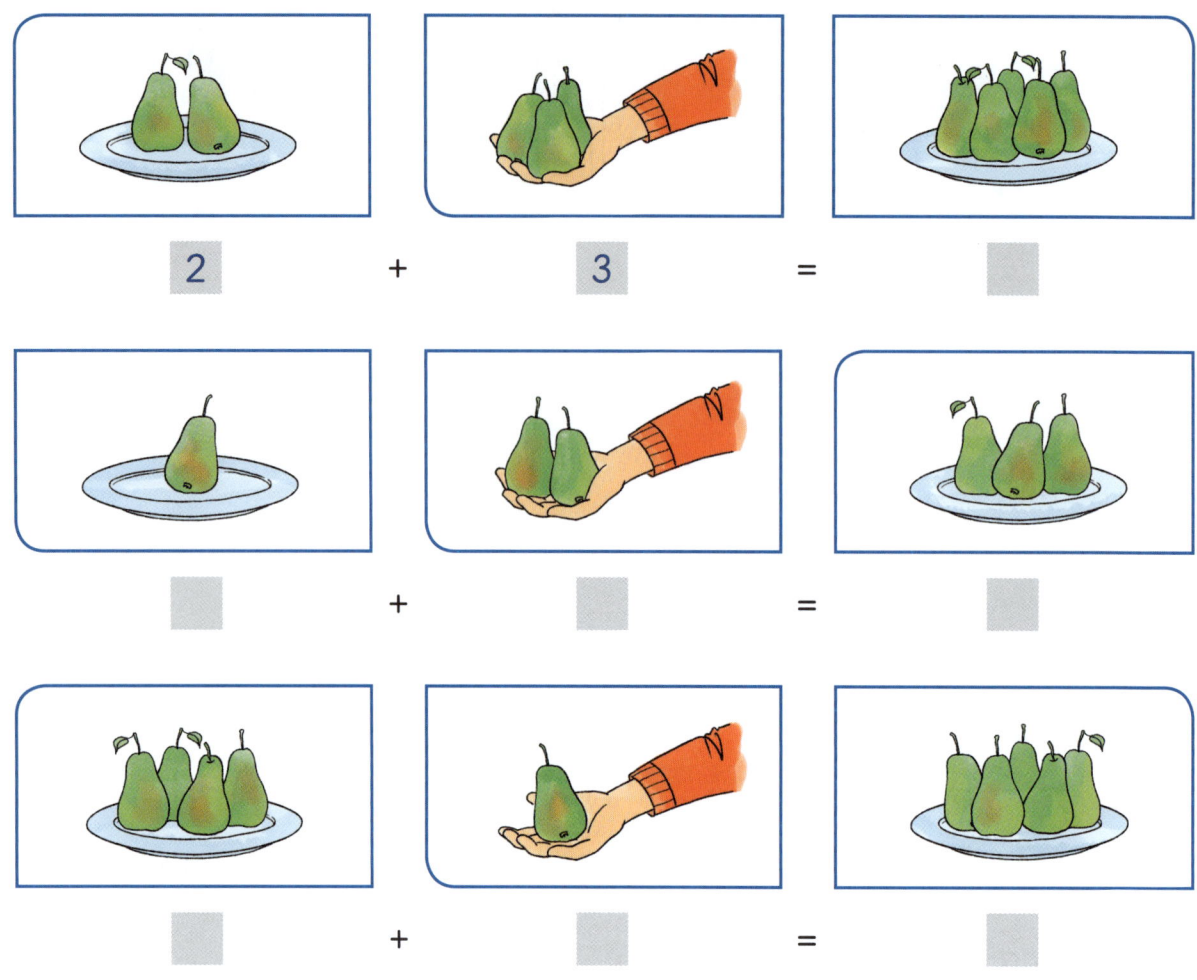

$$2 \quad + \quad 3 \quad = \quad \boxed{}$$

2 Male und rechne.

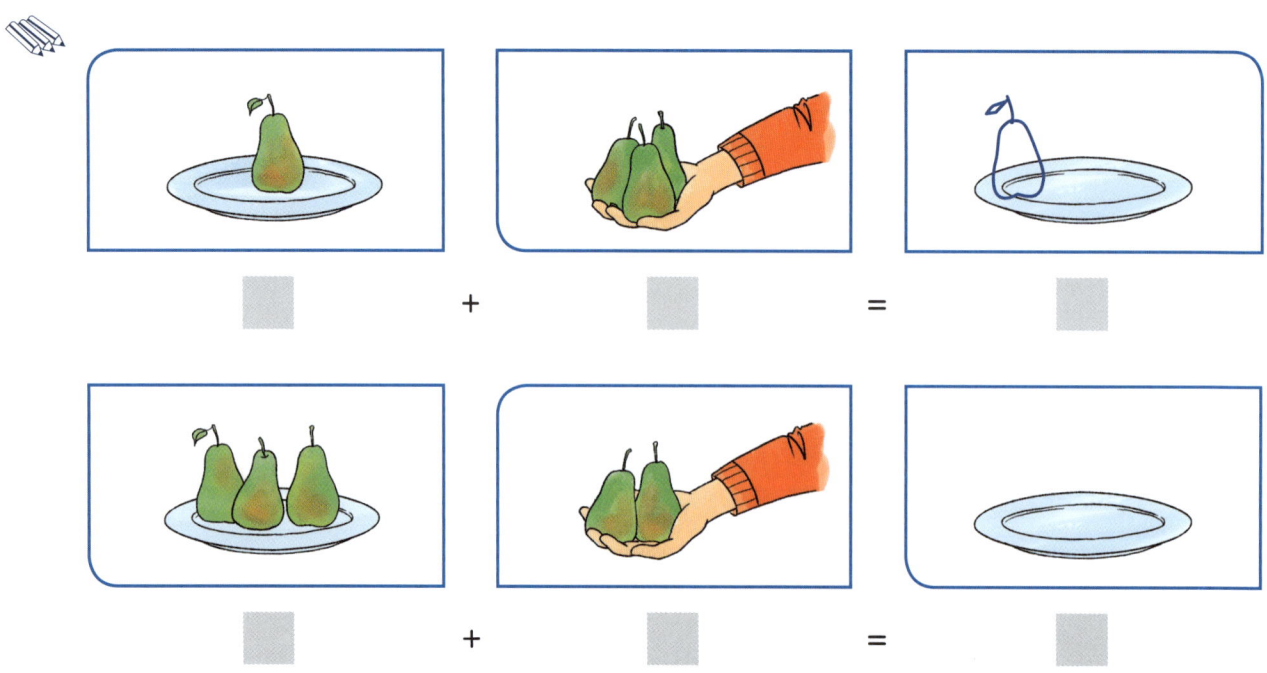

1 Plusaufgaben aufschreiben und lösen
2 Plusaufgaben zeichnerisch vervollständigen, aufschreiben und lösen

Lege und rechne.

$1 + 2 = 3$

☐ + ☐ = ☐

☐ + ☐ = ☐

☐ + ☐ = ☐

☐ + ☐ = ☐

☐ + ☐ = ☐

☐ + ☐ = ☐

☐ + ☐ = ☐

☐ + ☐ = ☐

☐ + ☐ = ☐

1 Lege, male und rechne.

2 + 2 =

1 + 1 =

4 + 5 =

3 + 4 =

0 + 7 =

6 + 4 =

6 + 3 =

1 + 9 =

2 Lege und rechne.

3 + 1 =   5 + 1 =   7 + 3 =

3 + 2 =   5 + 2 =   7 + 2 =

3 + 3 =   5 + 3 =   7 + 1 =

3 + 4 =   5 + 4 =   7 + 0 =

1, 2 Zehnerfeld (ausklappbare Umschlagseite) und Wendeplättchen (Beilage 3) verwenden

1 Wirf 7 Plättchen. Ordne, male und schreibe.

2 Schreibe.

3 Lege und male.

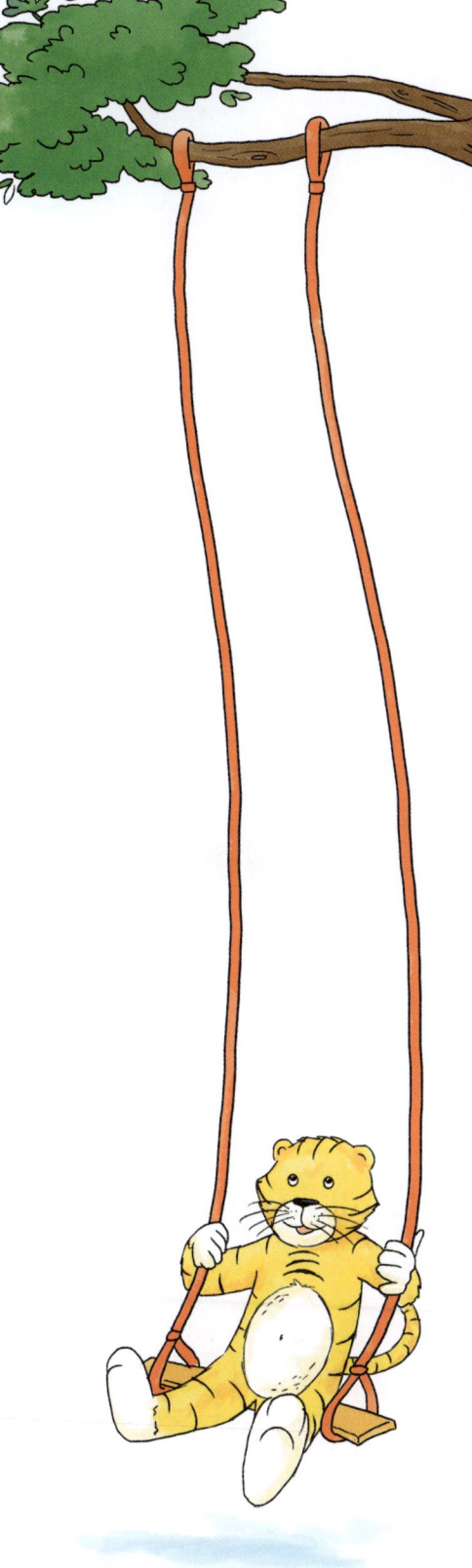

7

4 + 3

6 + 1

5 + 2

0 + 7

1, 3 Wendeplättchen (Beilage 3) verwenden

1 Wirf 8 Plättchen. Ordne, male und schreibe.

2 Schreibe.

3 Lege und male.

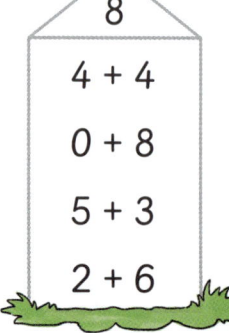

8

4 + 4

0 + 8

5 + 3

2 + 6

✎ Was passt zusammen? Verbinde.

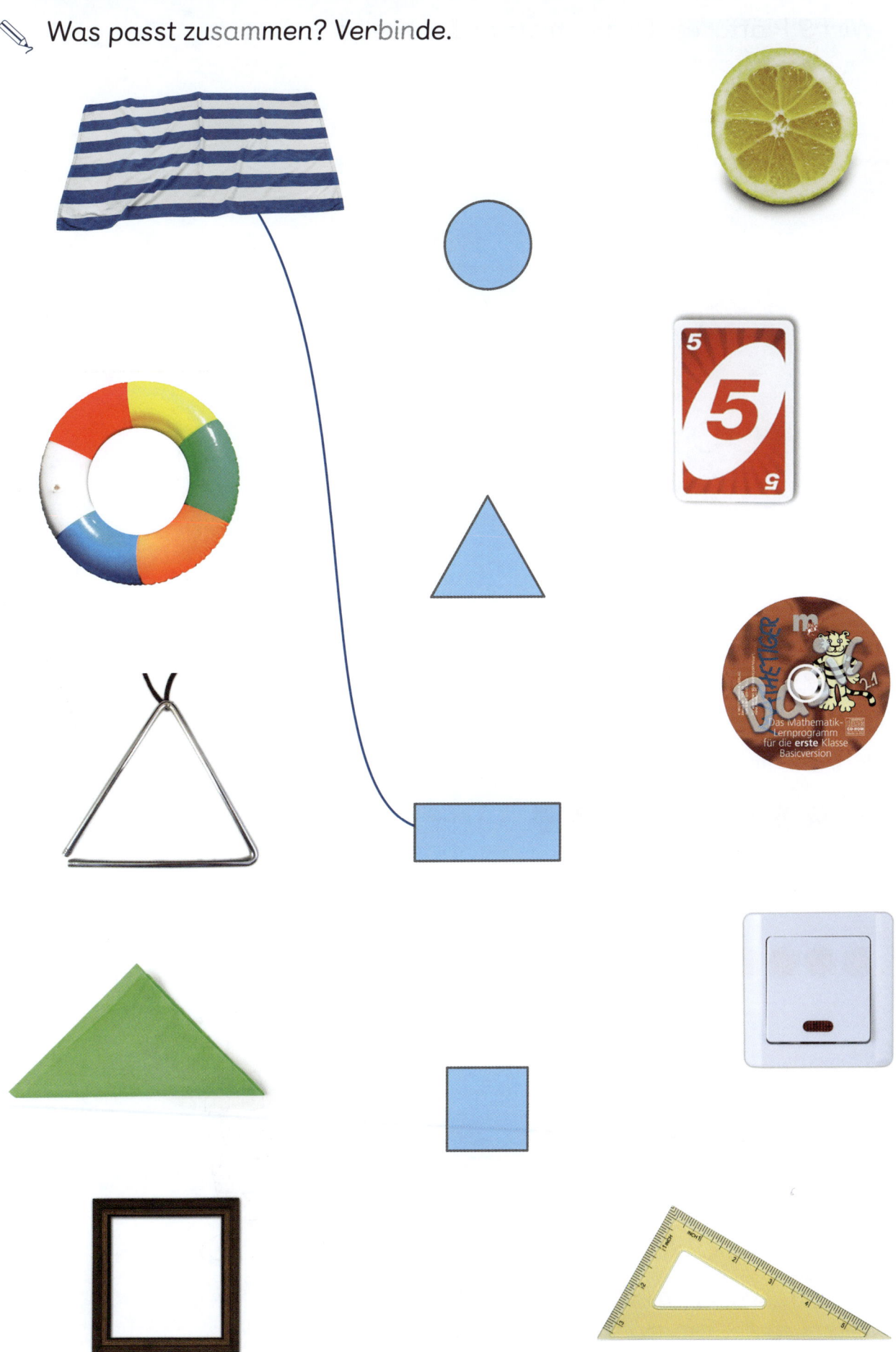

1 Wirf 9 Plättchen. Ordne, male und schreibe.

2 Schreibe.

3 Lege und male.

$4 + 5$

$6 + 3$

$8 + 1$

$0 + 9$

1, 3 Wendeplättchen (Beilage 3) verwenden

1 Wirf 10 Plättchen. Ordne, male und schreibe.

 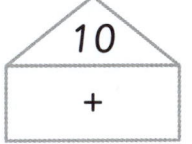

10
+

10
+

10
+

2 Schreibe.

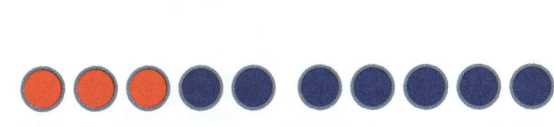

10
+

10
+

10
+

3 Lege und male.

10
4 + 6
9 + 1
10 + 0
2 + 8

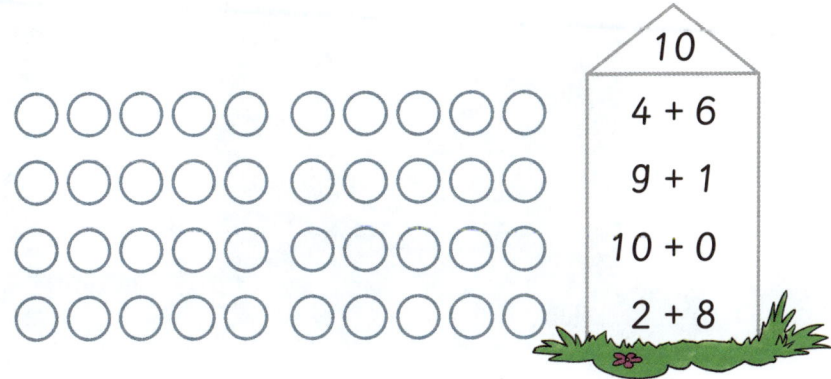

Lege und ergänze.

Die Zahlen 3 bis 10 systematisch zerlegen, Zerlegungen ergänzen
Zehnerfeld (ausklappbare Umschlagseite) und Wendeplättchen (Beilage 3) verwenden

Vorgänger und Nachfolger

1   Trage Vorgänger und Nachfolger ein.

2   3   4   6   8

    2   4   9

2   Trage Vorgänger und Nachfolger ein.

3   4   5   8   6

    3   2   7

    5   9   3

3   Trage Vorgänger und Nachfolger ein.

Vorgänger	Zahl	Nachfolger
4	5	6
	3	
	2	
	8	
	6	

1 Schreibe Aufgabe und Tauschaufgabe.

3 + 2 = ☐
2 + 3 = ☐

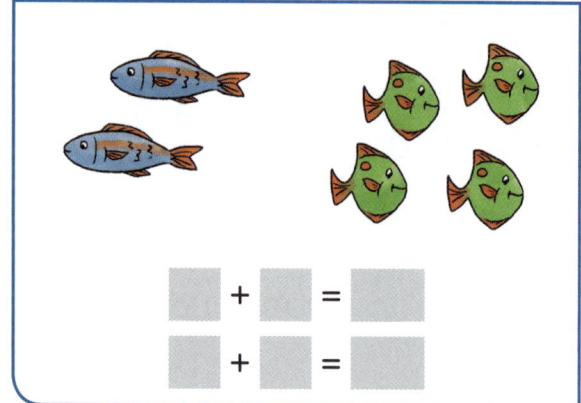

☐ + ☐ = ☐
☐ + ☐ = ☐

☐ + ☐ = ☐
☐ + ☐ = ☐

☐ + ☐ = ☐
☐ + ☐ = ☐

2 Lege. Schreibe Aufgabe und Tauschaufgabe.

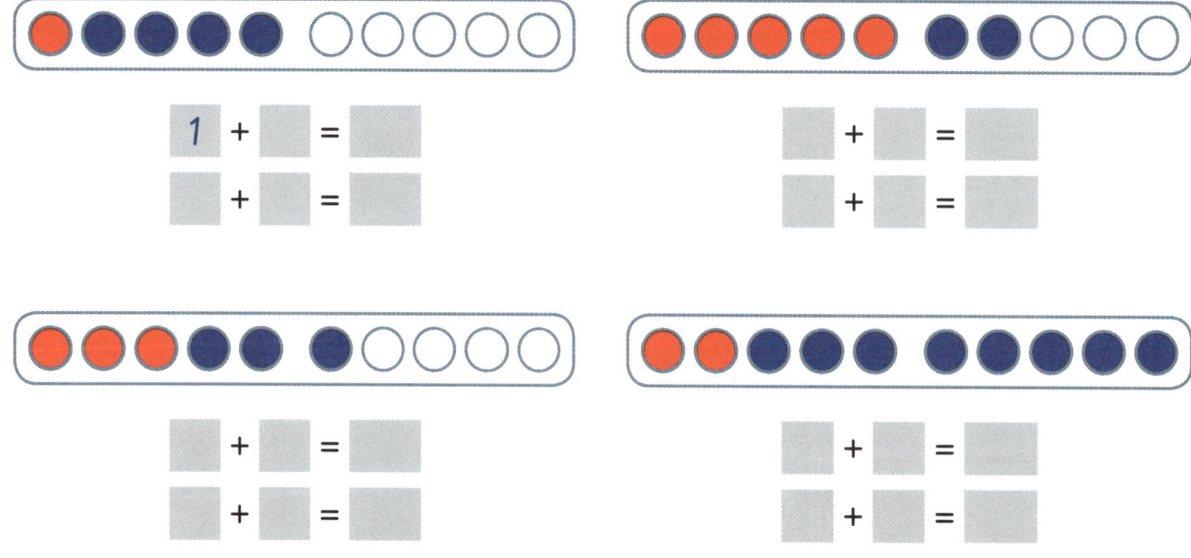

1 + ☐ = ☐
☐ + ☐ = ☐

☐ + ☐ = ☐
☐ + ☐ = ☐

☐ + ☐ = ☐
☐ + ☐ = ☐

☐ + ☐ = ☐
☐ + ☐ = ☐

2 Zehnerfeld (ausklappbare Umschlagseite) und Wendeplättchen (Beilage 3) verwenden

Minusaufgaben finden

1 Rechne.

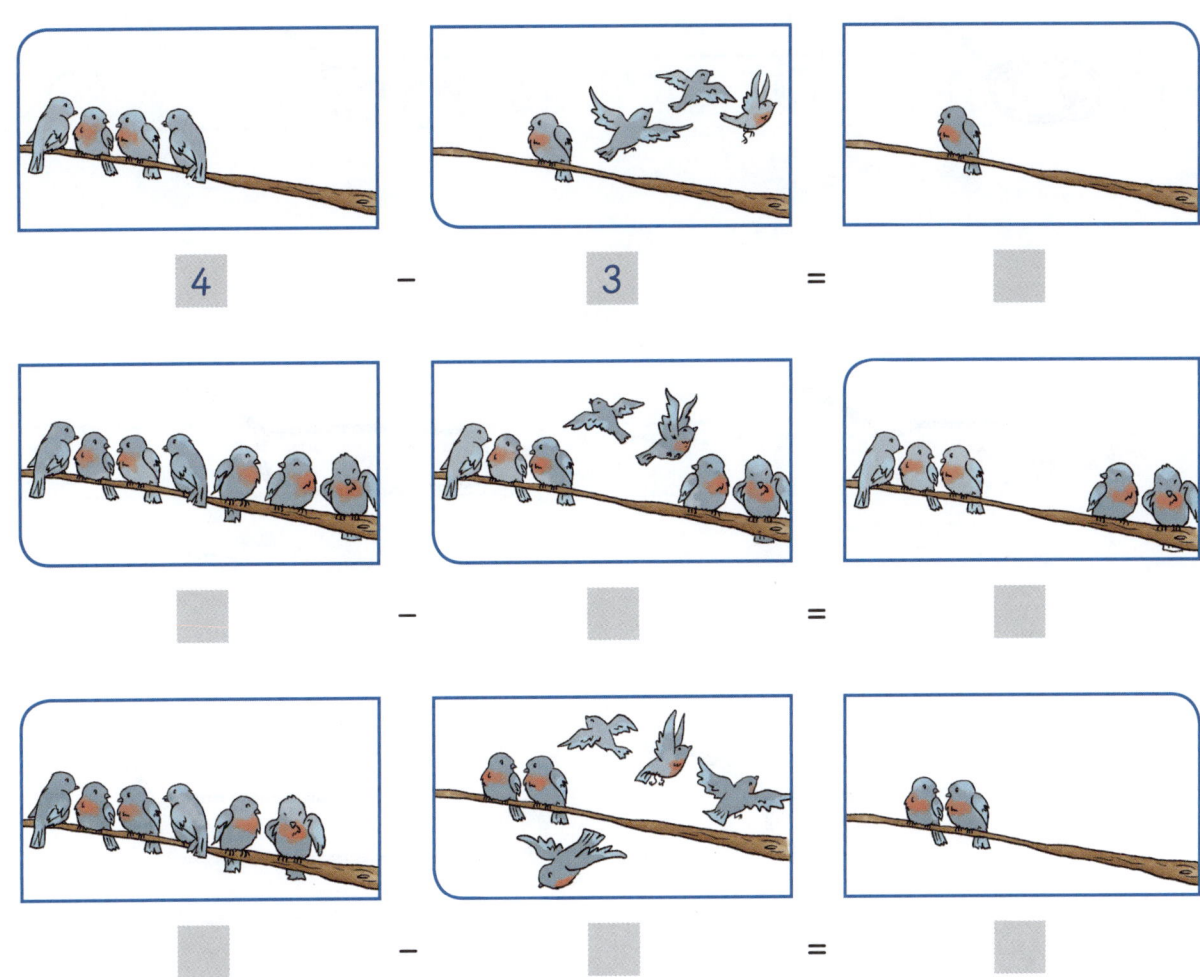

4 − 3 =

2 Male und rechne.

1 Minusaufgaben aufschreiben und lösen
2 Minusaufgaben zeichnerisch vervollständigen, aufschreiben und lösen

Lege, nimm weg und rechne.

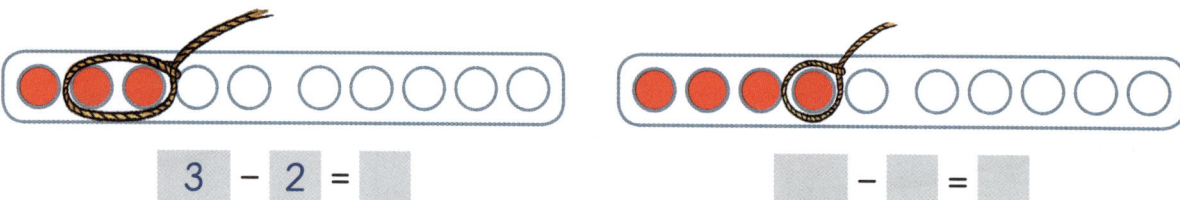

3 − 2 =

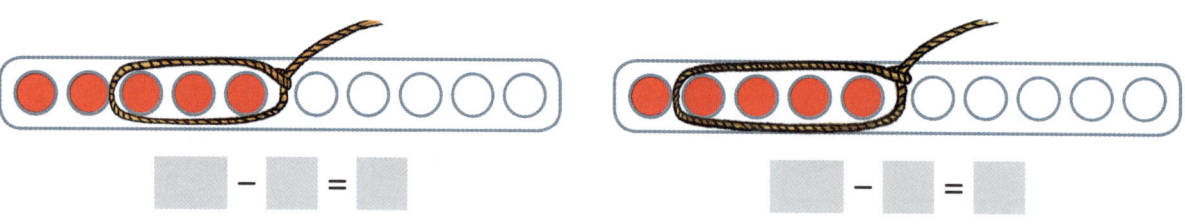

☐ − ☐ = ☐

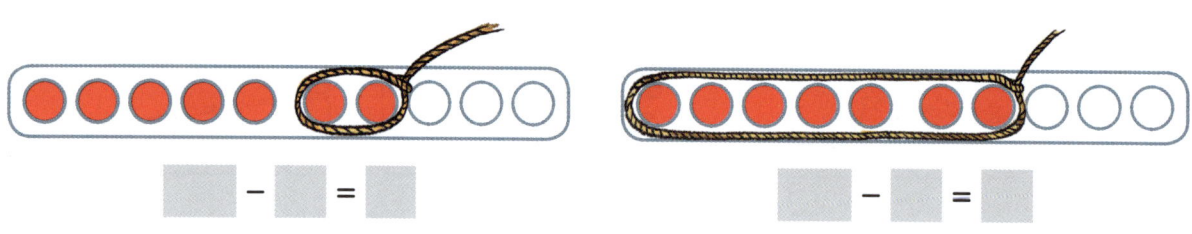

☐ − ☐ = ☐

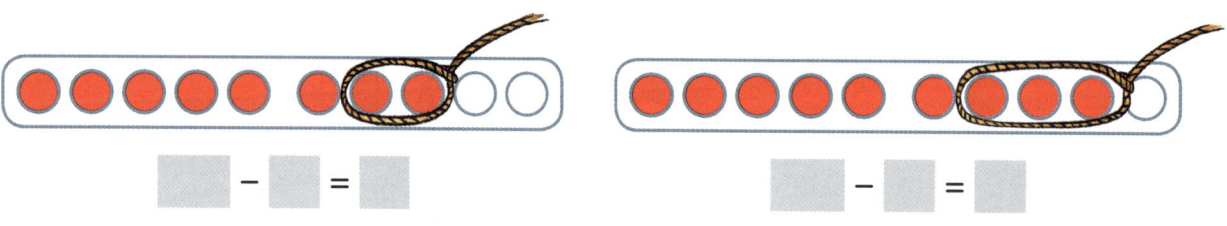

☐ − ☐ = ☐

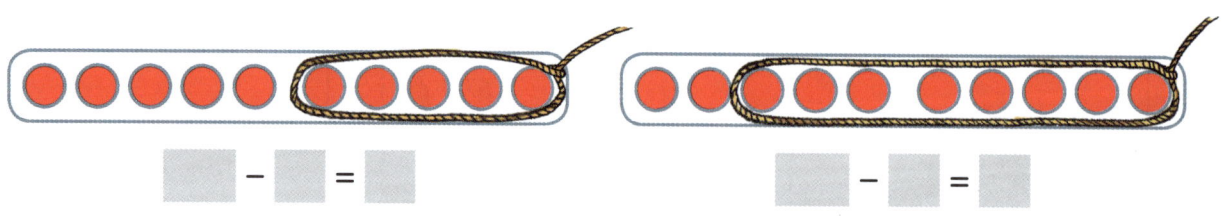

☐ − ☐ = ☐

Zehnerfeld (ausklappbare Umschlagseite) und Wendeplättchen (Beilage 3) verwenden

1 Lege, male und rechne.

3 – 1 =

5 – 4 =

4 – 0 =

8 – 3 =

6 – 2 =

9 – 5 =

10 – 7 =

8 – 6 =

2 Lege, nimm weg und rechne.

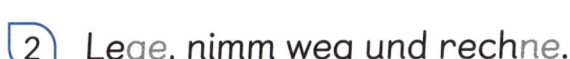

4 – 1 =	5 – 5 =	8 – 1 =
4 – 2 =	5 – 4 =	8 – 2 =
4 – 3 =	5 – 3 =	8 – 3 =
4 – 4 =	5 – 2 =	8 – 4 =

1 Beschrifte die Perlen.

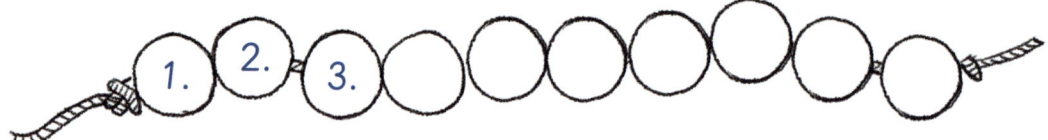

2 Beschrifte die Perlen und färbe sie.

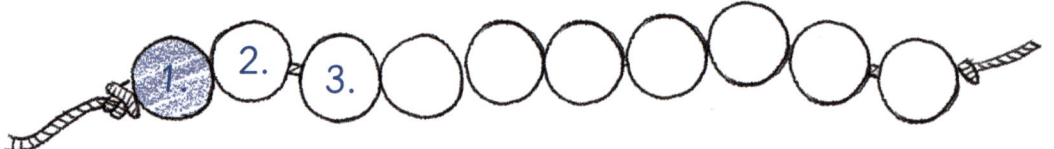

1., 3., 5., 7., 9.   2., 4., 6., 8., 10.

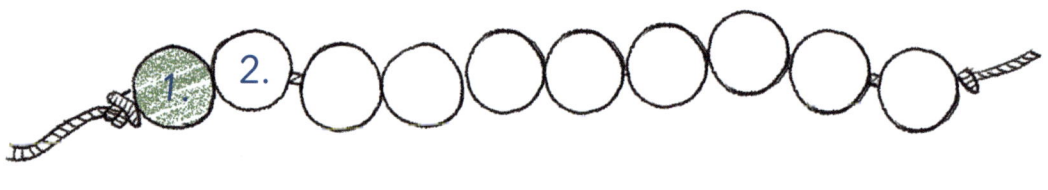

1., 4., 7., 10.   2., 3., 5., 6., 8., 9.

3 Trage ein.

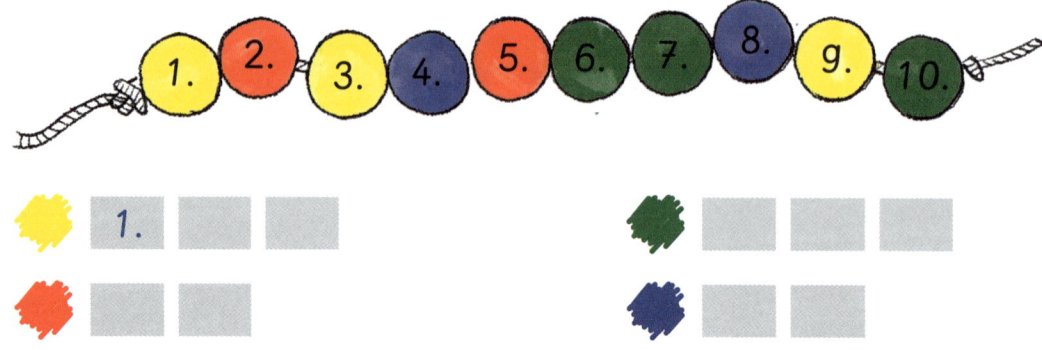

1.

Die Ziffer 1

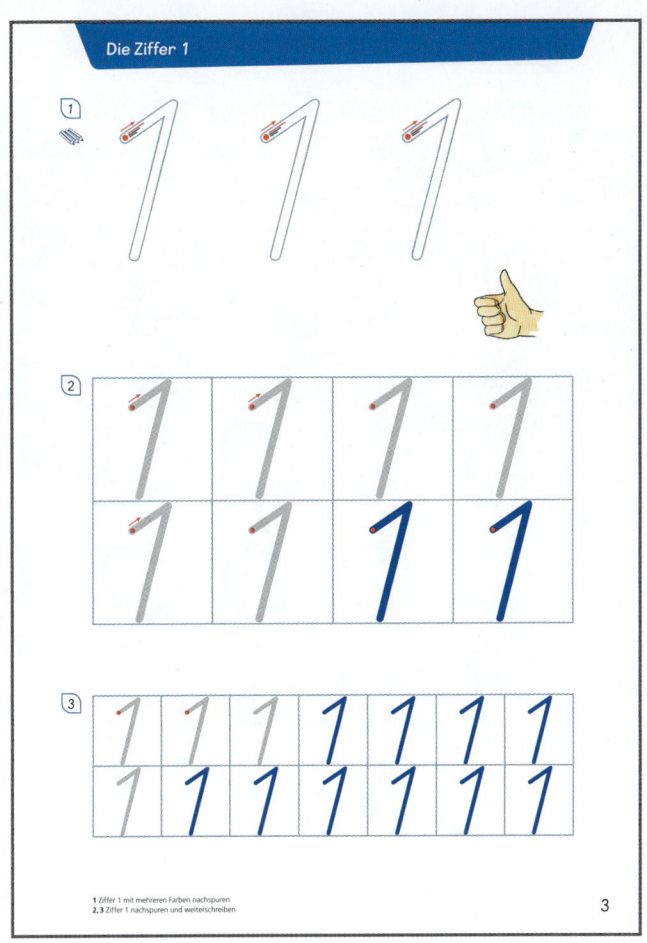

Die Ziffer 2

Die Ziffer 3

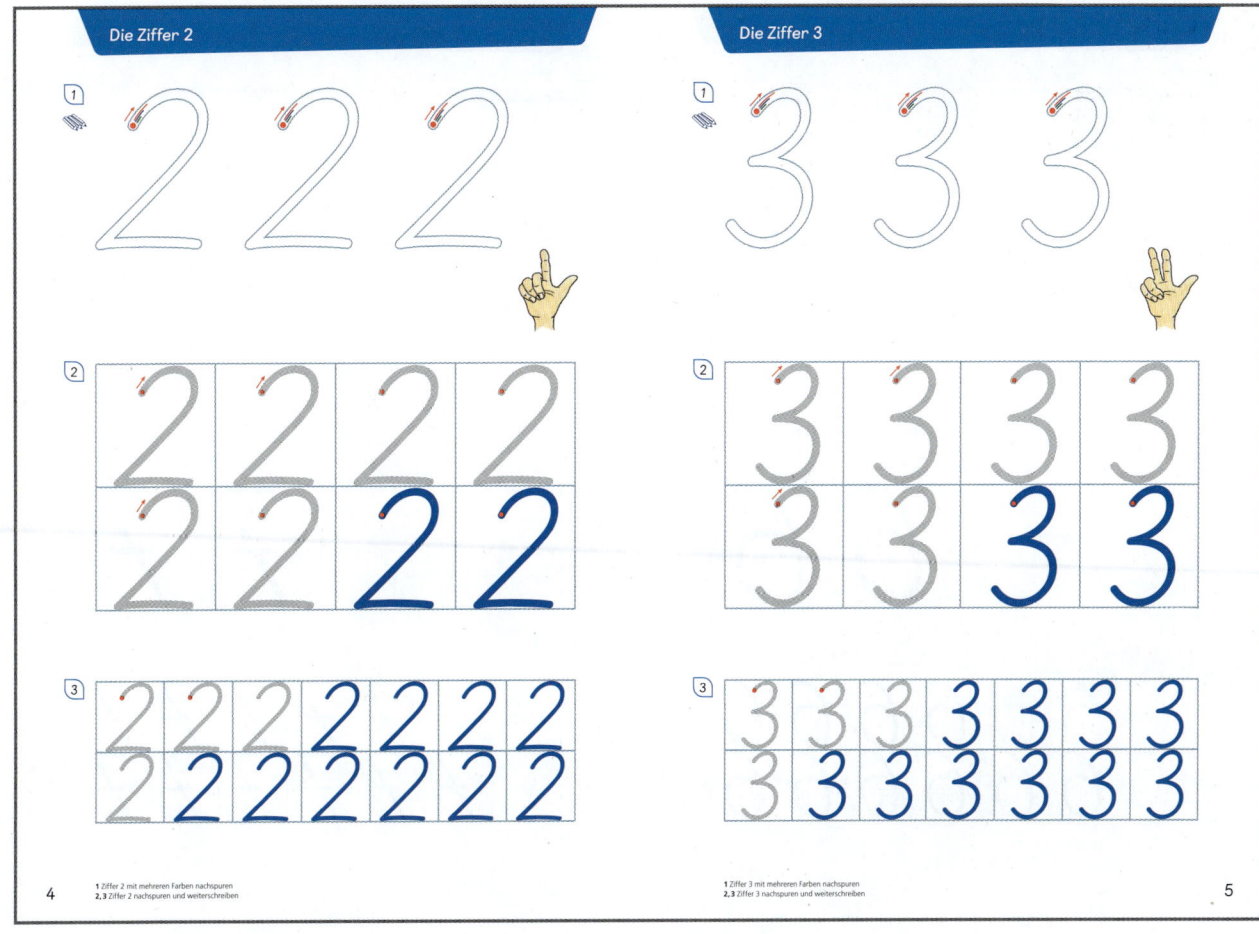

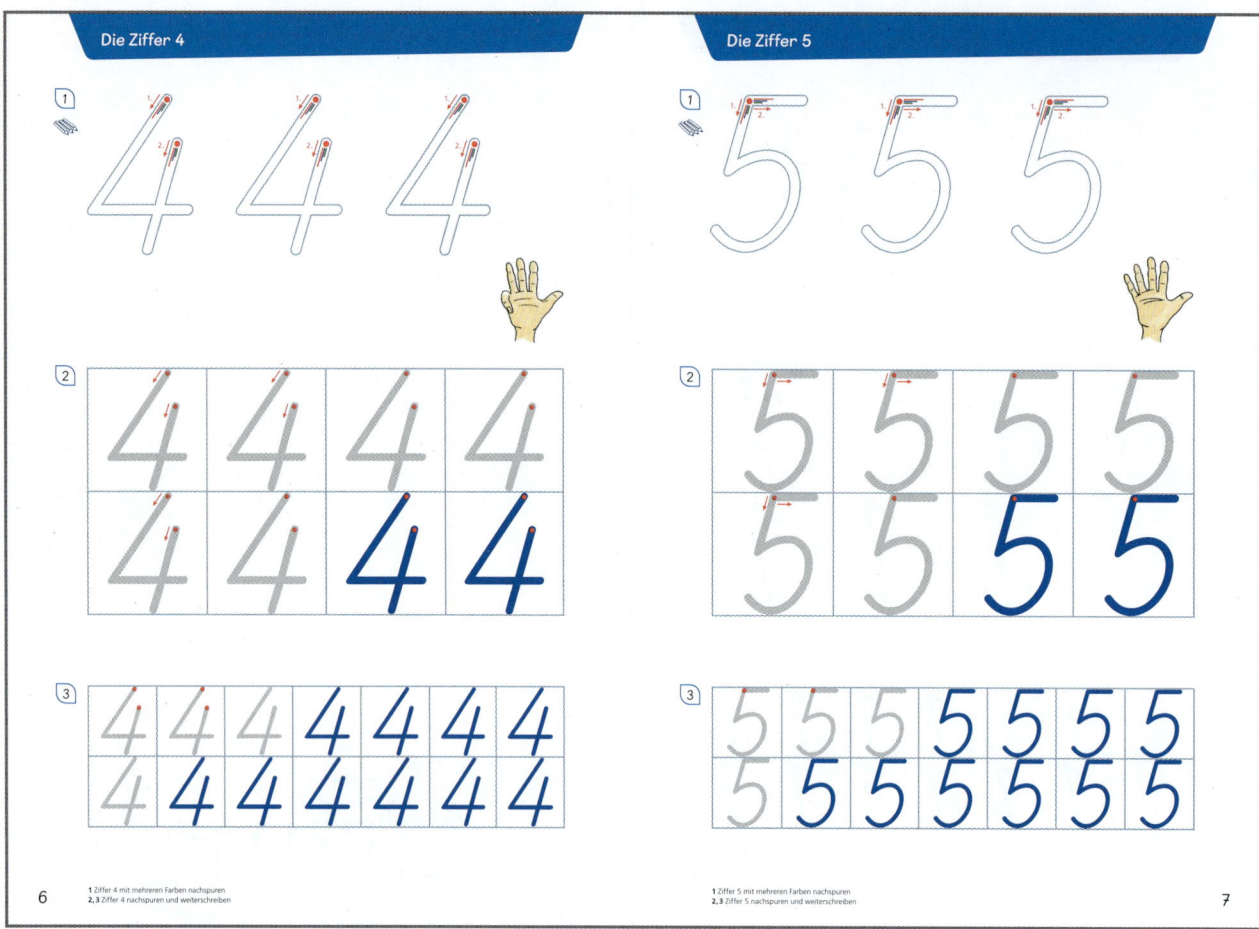

Die Ziffer 4

6
1 Ziffer 4 mit mehreren Farben nachspuren
2,3 Ziffer 4 nachspuren und weiterschreiben

Die Ziffer 5

1 Ziffer 5 mit mehreren Farben nachspuren
2,3 Ziffer 5 nachspuren und weiterschreiben
7

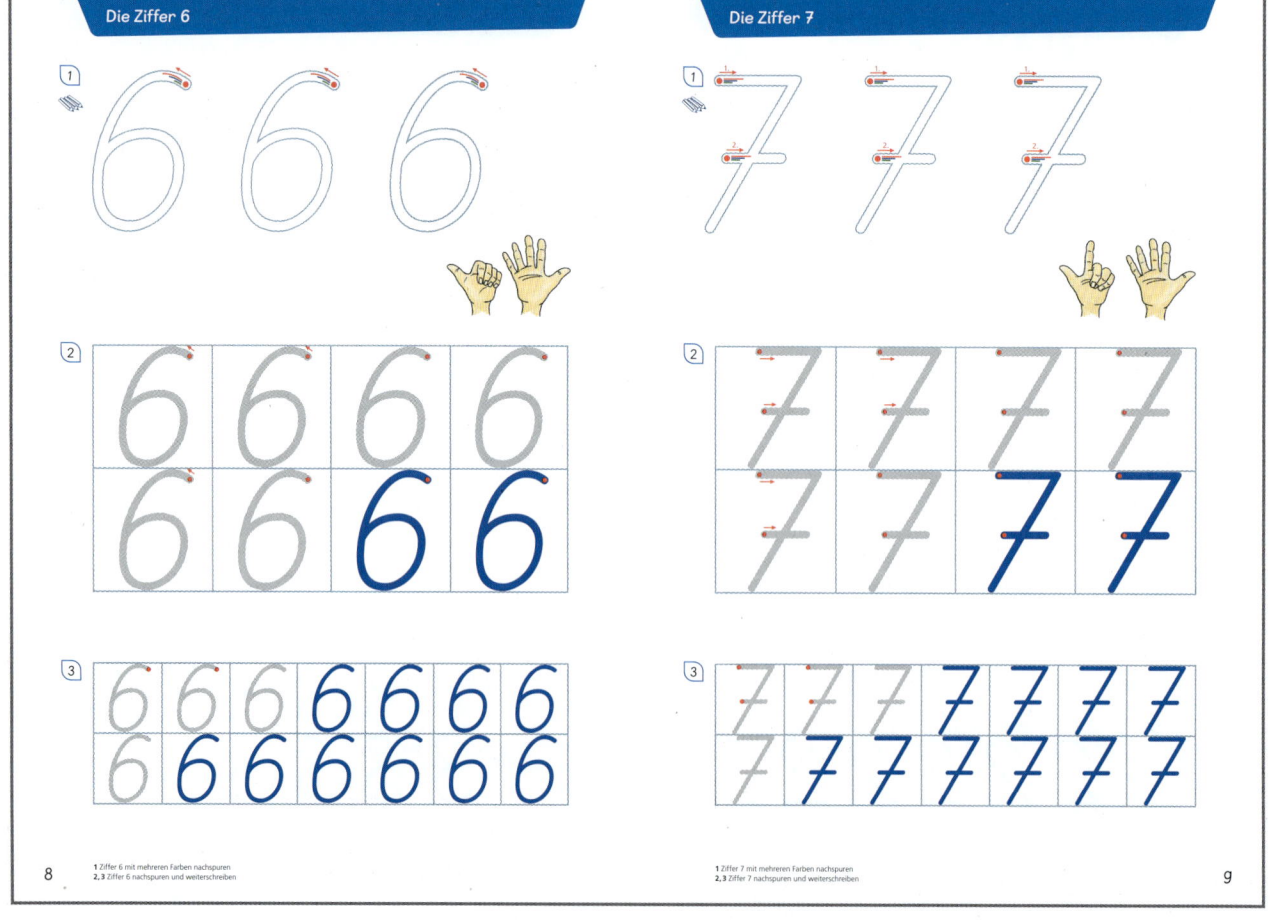

Die Ziffer 6

8
1 Ziffer 6 mit mehreren Farben nachspuren
2,3 Ziffer 6 nachspuren und weiterschreiben

Die Ziffer 7

1 Ziffer 7 mit mehreren Farben nachspuren
2,3 Ziffer 7 nachspuren und weiterschreiben
g

Die Ziffer 8

1

2

3

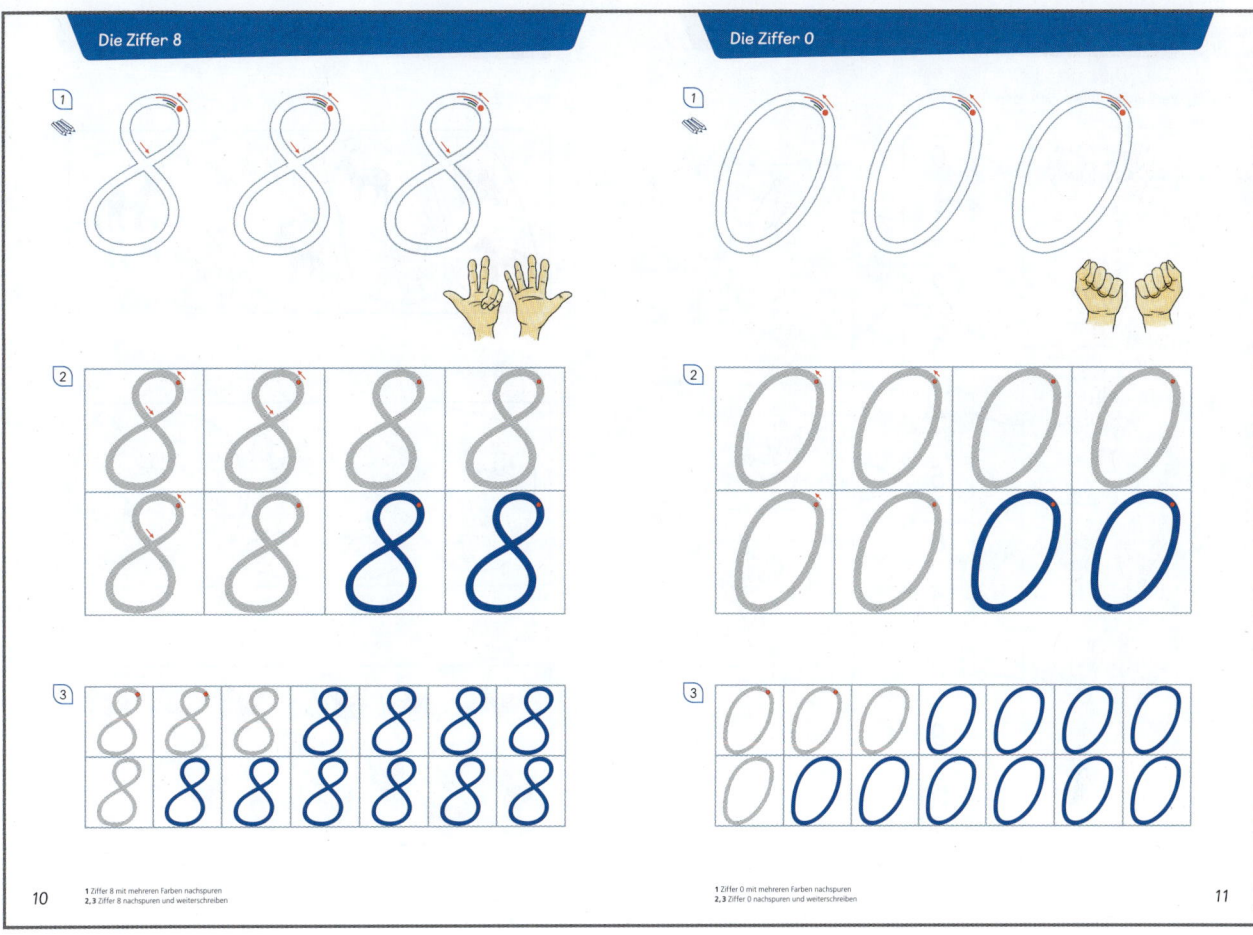

1 Ziffer 8 mit mehreren Farben nachspuren
2, 3 Ziffer 8 nachspuren und weiterschreiben

Die Ziffer 0

1

2

3

1 Ziffer 0 mit mehreren Farben nachspuren
2, 3 Ziffer 0 nachspuren und weiterschreiben

Die Ziffer 9

1

2

3

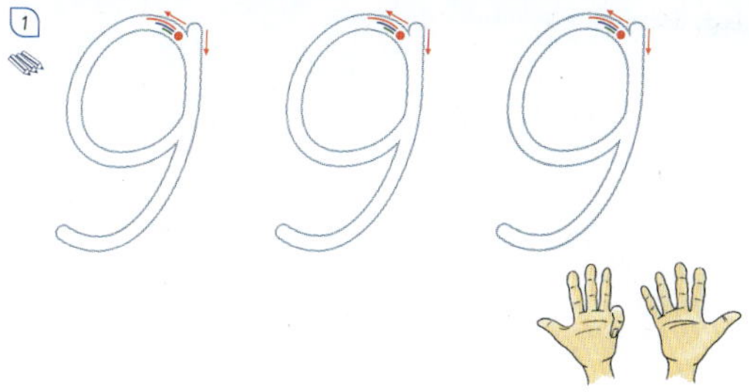

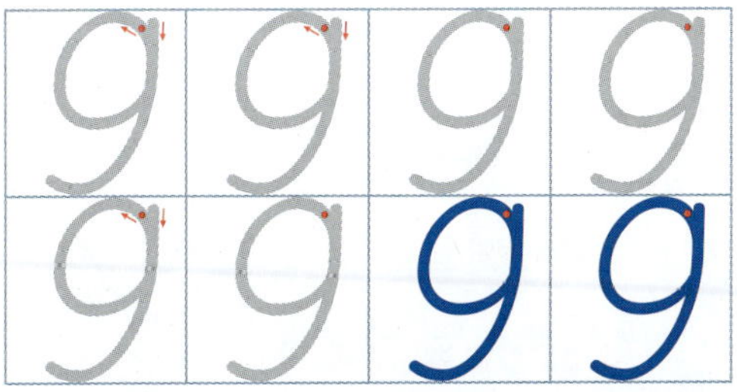

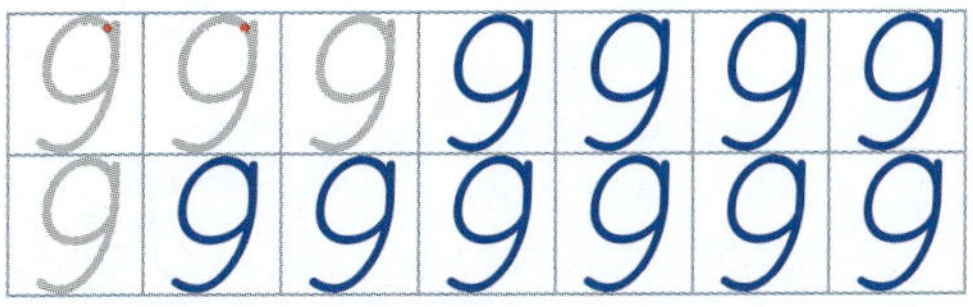

1 Ziffer 9 mit mehreren Farben nachspuren
2, 3 Ziffer 9 nachspuren und weiterschreiben

Mehr, weniger, gleich viele

zu Heft 1, S. 6
zu Schülerbuch, S. 6

Verbinde.

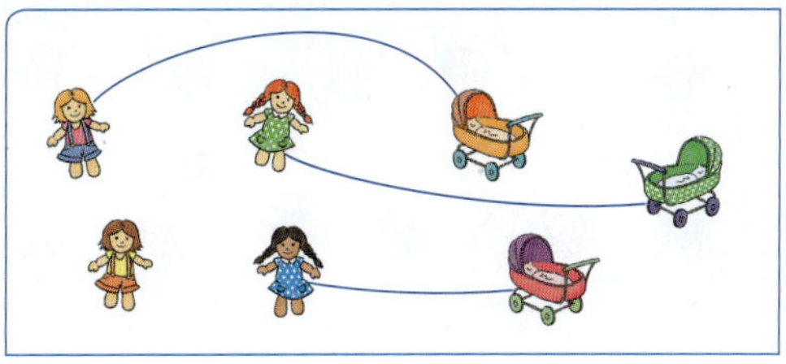

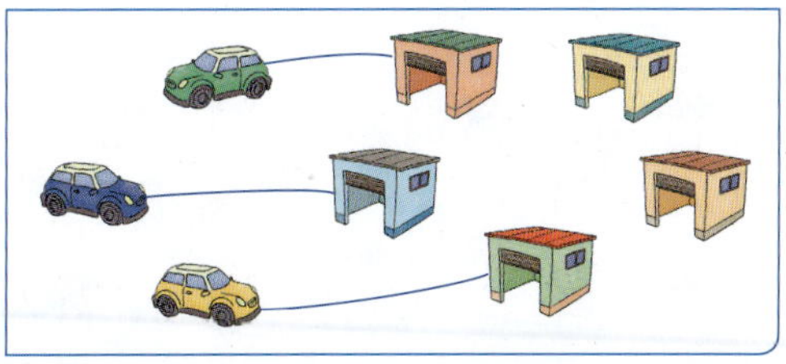

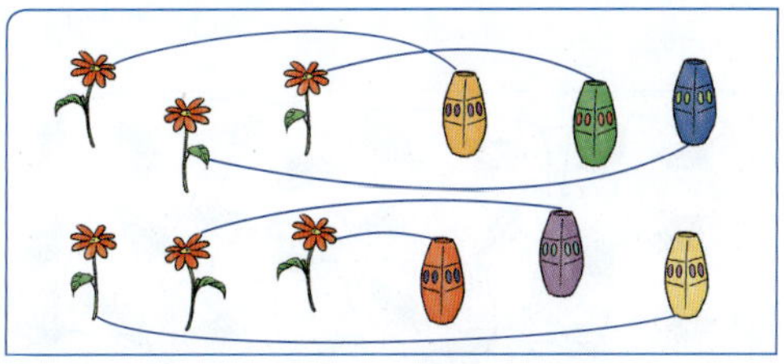

Mengen durch Eins-zu-Eins-Zuordnung vergleichen

Mathetiger Basistraining 1 – Lösungen (Seite 14–17)

Die Zahlen bis 10
zu Heft 1, S. 12
zu Schülerbuch, S. 10

Verbinde mit der richtigen Zahl.

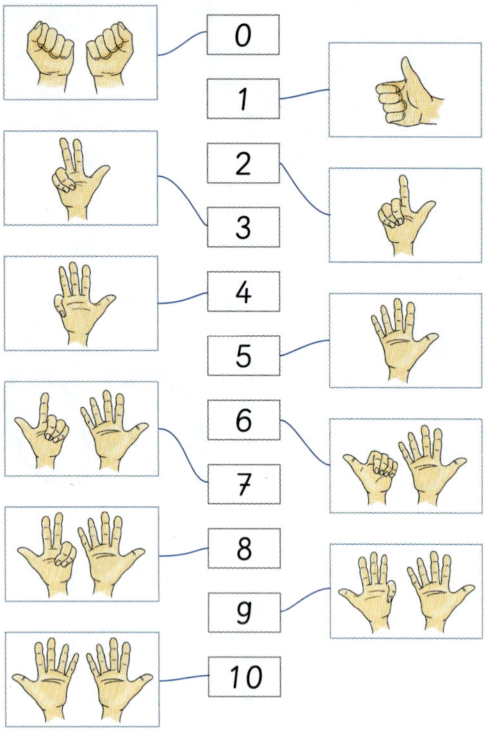

0
1
2
3
4
5
6
7
8
9
10

14 Fingerbilder und Zahlen verbinden

Mengen bis 4 bündeln
zu Heft 1, S. 14
zu Schülerbuch, S. 12

1 Immer 2.

2 Immer 3.

3 Immer 4.

1–3 Mengen entsprechend der Vorgabe bündeln   15

Mengen bis 6 bündeln
zu Heft 1, S. 14
zu Schülerbuch, S. 12

1 Immer 4.

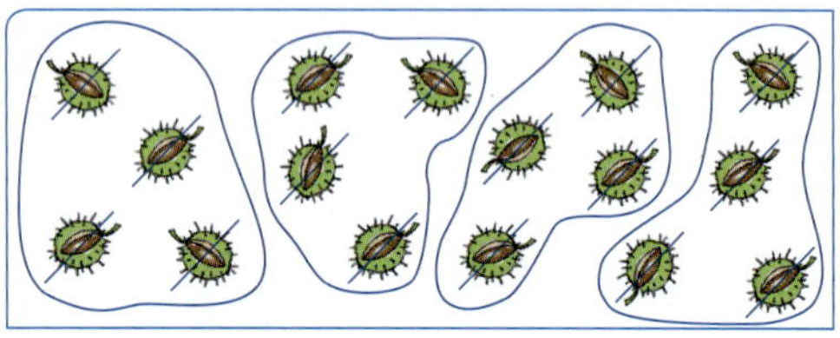

2 Immer 5.

3 Immer 6.

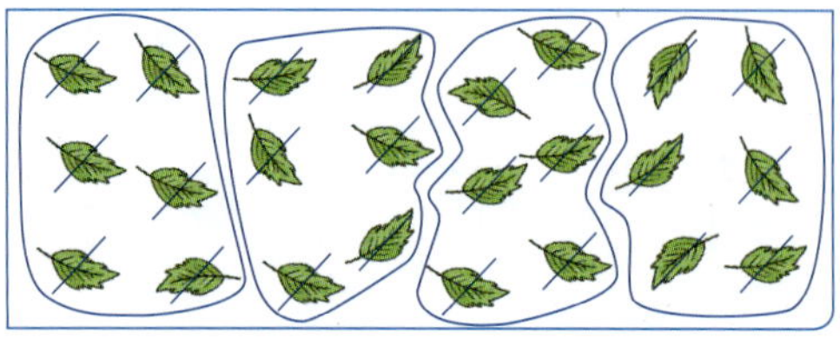

16 1–3 Mengen entsprechend der Vorgabe bündeln

Zahlen im Zehnerfeld darstellen
zu Heft 1, S. 15
zu Schülerbuch, S. 13

Lege und male.

3
2
4
1
6
5
9
8
7
10

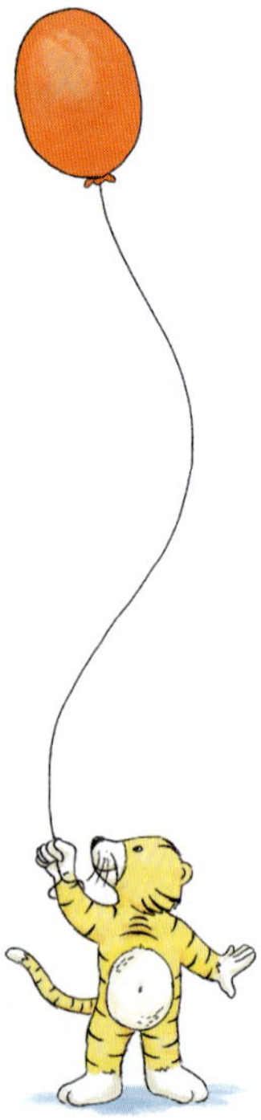

Zehnerfeld (ausklappbare Umschlagseite) und Wendeplättchen (Beilage 3) verwenden   17

Zahlen im Zehnerfeld darstellen

zu Heft 1, S. 15
zu Schülerbuch, S. 13

Wie viele? Lege und schreibe.

4
1
6
3
5
2
7
9
10
8

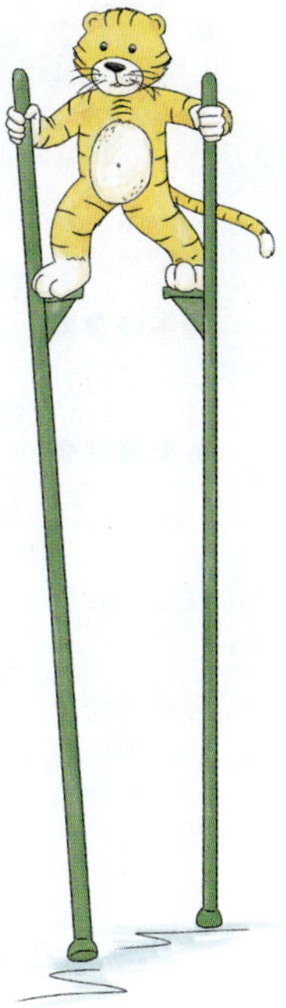

18 Zehnerfeld (ausklappbare Umschlagseite) und Wendeplättchen (Beilage 3) verwenden

Die Zahlenreihe

zu Heft 1, S. 20
zu Schülerbuch, S. 16

1 Wie viele? Baue nach und schreibe.

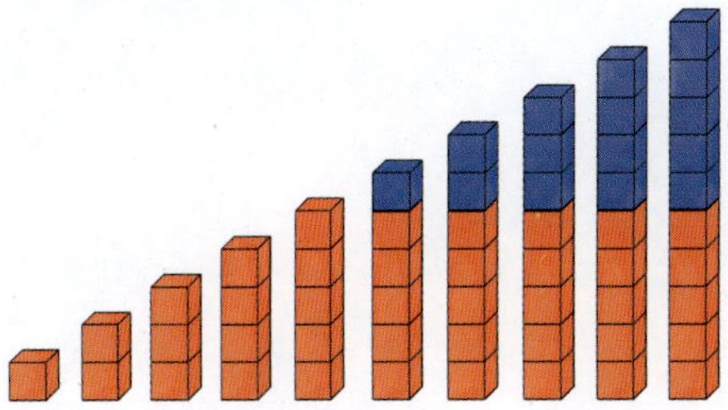

0 1 2 3 4 5 6 7 8 9 10

2 Trage die fehlenden Zahlen ein.

0 1 2 3 4 5 6 7 8 9 10

0 1 2 3 4 5 6 7 8 9 10

1 Steckwürfel verwenden

19

Formen nachspuren

zu Heft 1, S. 22
zu Schülerbuch, S. 17

Spure nach.

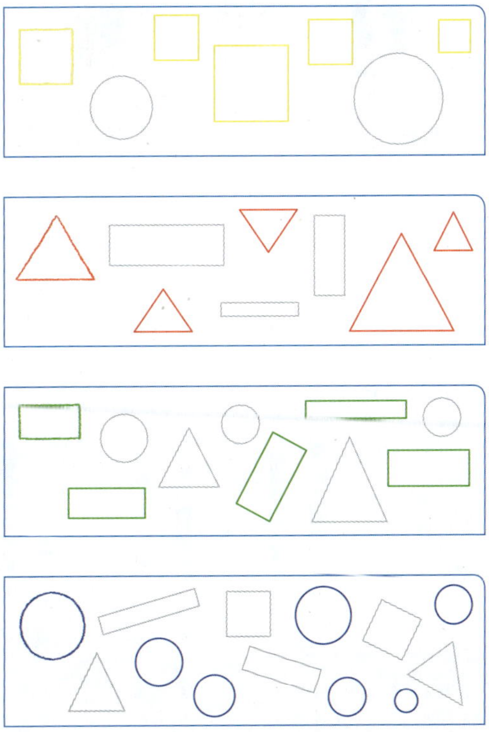

20 Formen entsprechend der Farbvorgabe nachspuren

Zerlegungen der Zahl 3

zu Heft 1, S. 30
zu Schülerbuch, S. 24

2 + 1

1 Wirf 3 Plättchen. Ordne, male und schreibe.

*

○○○ 3 +

○○○ 3 +

○○○ 3 +

○○○ 3 +

2 Schreibe.

3
1 + 2

3
3 + 0

3 Lege und male.

3
2 + 1
0 + 3
1 + 2
3 + 0

3
3 + 0
2 + 1
1 + 2
0 + 3

1,3 Wendeplättchen (Beilage 3) verwenden
* Individuelle Lösung

21

Mathetiger Basistraining 1 – Lösungen (Seite 22–25)

Zerlegungen der Zahl 4
zu Heft 1, S. 30
zu Schülerbuch, S. 24

1 Wirf 4 Plättchen. Ordne, male und schreibe.

*
OOOO → $4 = \_ + \_$ OOOO → $4 = \_ + \_$

OOOO → $4 = \_ + \_$ OOOO → $4 = \_ + \_$

2 Schreibe.

●●●● → $4 = 1 + 3$ ●●●● → $4 = 2 + 2$

●●●● → $4 = 0 + 4$ ●●●● → $4 = 3 + 1$

3 Lege und male.

4		4
3 + 1		4 + 0
2 + 2		3 + 1
0 + 4		1 + 3
1 + 3		2 + 2
4 + 0		0 + 4

Zerlegungen der Zahl 5
zu Heft 1, S. 32
zu Schülerbuch, S. 24

1 Wirf 5 Plättchen. Ordne, male und schreibe.

*
OOOOO → $5 = \_ + \_$ OOOOO → $5 = \_ + \_$

OOOOO → $5 = \_ + \_$ OOOOO → $5 = \_ + \_$

2 Schreibe.

●●●●● → $5 = 2 + 3$ ●●●●● → $5 = 0 + 5$

●●●●● → $5 = 1 + 4$ ●●●●● → $5 = 4 + 1$

3 Lege und male.

5		5
1 + 4		5 + 0
0 + 5		4 + 1
2 + 3		3 + 2
4 + 1		2 + 3
5 + 0		1 + 4
3 + 2		0 + 5

1, 3 Wendeplättchen (Beilage 3) verwenden
* Individuelle Lösung

1, 3 Wendeplättchen (Beilage 3) verwenden
* Individuelle Lösung

Zerlegungen der Zahl 6
zu Heft 1, S. 32
zu Schülerbuch, S. 24

1 Wirf 6 Plättchen. Ordne, male und schreibe.

*
OOOOOO → $6 = \_ + \_$ OOOOOO → $6 = \_ + \_$

OOOOOO → $6 = \_ + \_$ OOOOOO → $6 = \_ + \_$

2 Schreibe.

●●●●●● → $6 = 3 + 3$ ●●●●●● → $6 = 5 + 1$

●●●●●● → $6 = 2 + 4$ ●●●●●● → $6 = 4 + 2$

3 Lege und male.

6		6
4 + 2		6 + 0
3 + 3		5 + 1
5 + 1		4 + 2
0 + 6		3 + 3
1 + 5		2 + 4
6 + 0		1 + 5
2 + 4		0 + 6

Größer, kleiner, gleich
zu Heft 1, S. 34/35
zu Schülerbuch, S. 26/27

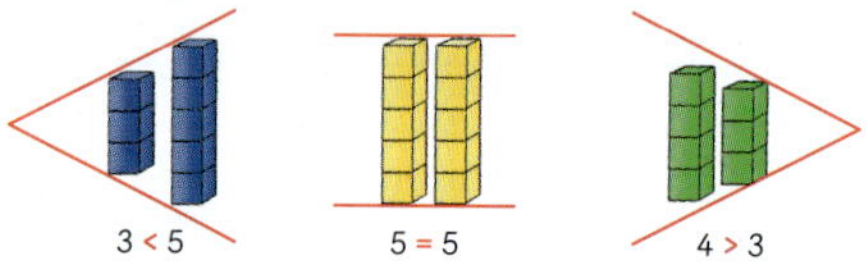

$3 < 5$ $5 = 5$ $4 > 3$

| 3 ist kleiner als 5 | 5 gleich 5 | 4 ist größer als 3 |

1 Baue und vergleiche.

$4 > 1$ $4 = 4$ $5 > 3$ $6 < 7$

2 Baue, male und vergleiche.

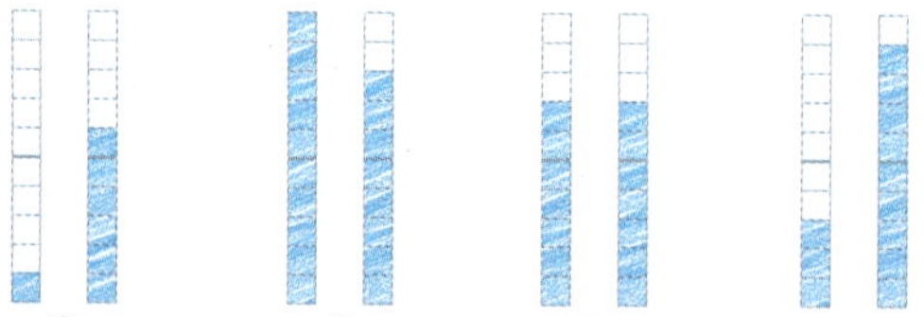

$1 < 6$ $10 > 8$ $7 = 7$ $3 < 9$

3 Setze ein: >, < oder =

$2 < 4$ $5 > 1$ $3 = 3$ $6 > 2$

$8 = 8$ $4 < 7$ $9 > 6$ $0 < 9$

1, 3 Wendeplättchen (Beilage 3) verwenden
* Individuelle Lösung

1, 2 Steckwürfel verwenden
3 Ggf. Türme bauen, passende Relationszeichen eintragen

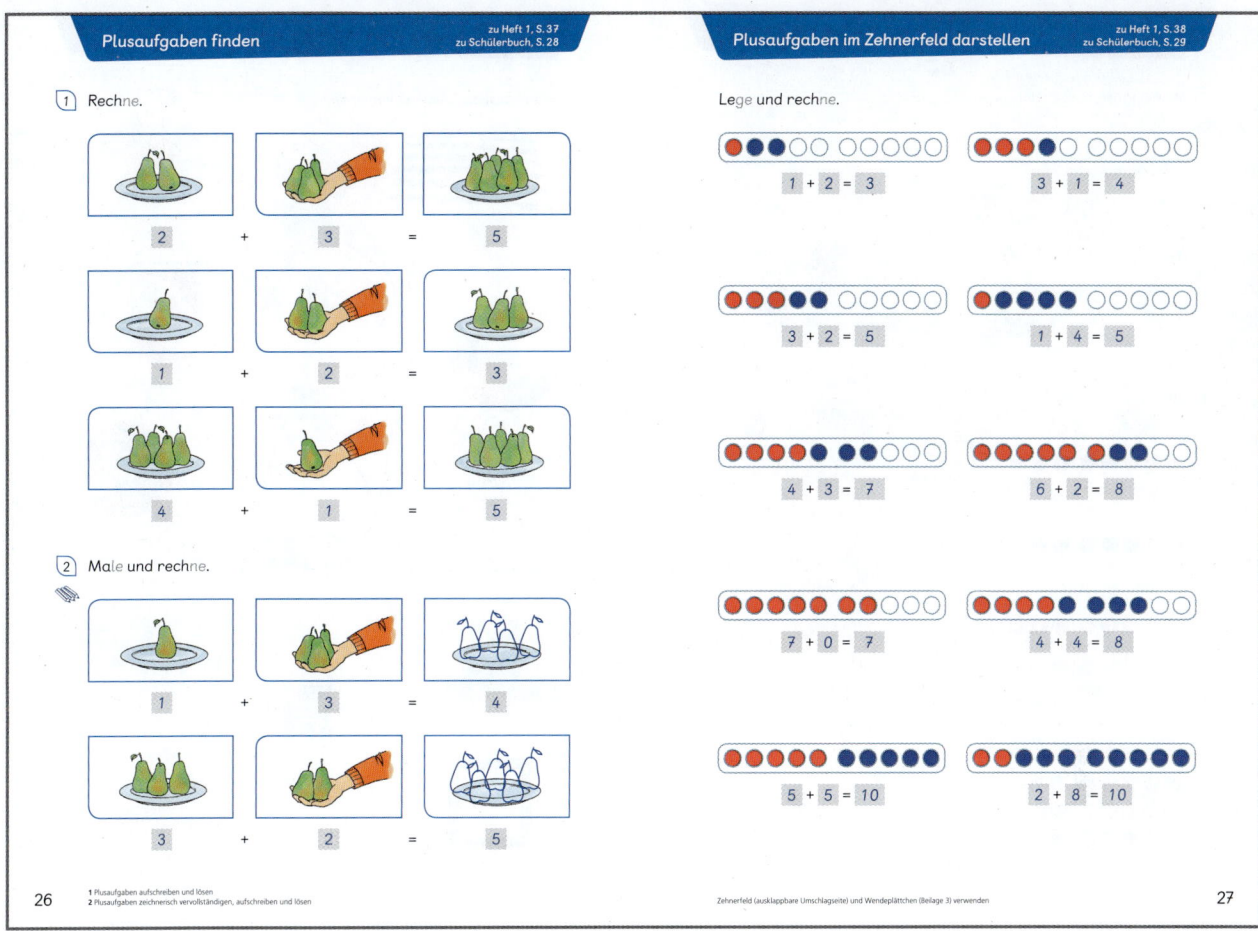

1 Rechne.

2 + 3 = 5

1 + 2 = 3

4 + 1 = 5

2 Male und rechne.

1 + 3 = 4

3 + 2 = 5

Lege und rechne.

1 + 2 = 3

3 + 1 = 4

3 + 2 = 5

1 + 4 = 5

4 + 3 = 7

6 + 2 = 8

7 + 0 = 7

4 + 4 = 8

5 + 5 = 10

2 + 8 = 10

1 Plusaufgaben aufschreiben und lösen
2 Plusaufgaben zeichnerisch vervollständigen, aufschreiben und lösen

Zehnerfeld (ausklappbare Umschlagseite) und Wendeplättchen (Beilage 3) verwenden

1 Lege, male und rechne.

2 + 2 = 4

1 + 1 = 2

4 + 5 = 9

3 + 4 = 7

0 + 7 = 7

6 + 4 = 10

6 + 3 = 9

1 + 9 = 10

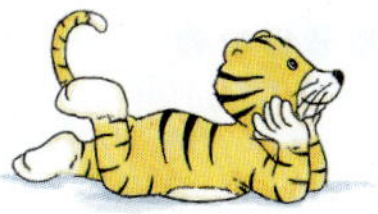

2 Lege und rechne.

3 + 1 = 4	5 + 1 = 6	7 + 3 = 10
3 + 2 = 5	5 + 2 = 7	7 + 2 = 9
3 + 3 = 6	5 + 3 = 8	7 + 1 = 8
3 + 4 = 7	5 + 4 = 9	7 + 0 = 7

1 Wirf 7 Plättchen. Ordne, male und schreibe.

*

7
+

7
+

7
+

2 Schreibe.

7
3 + 4

7
6 + 1

7
5 + 2

3 Lege und male.

7
4 + 3

6 + 1

5 + 2

0 + 7

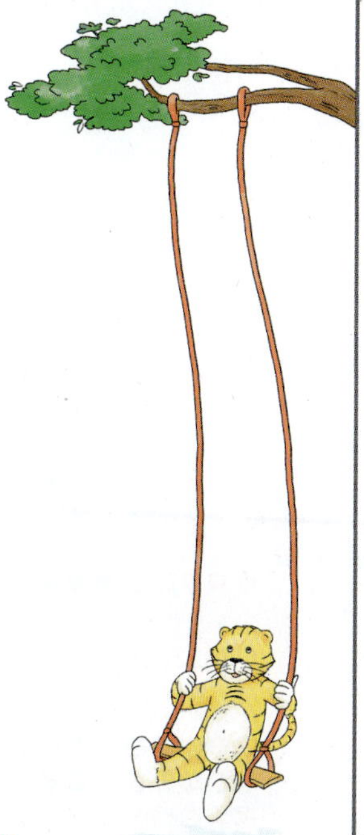

1,2 Zehnerfeld (ausklappbare Umschlagseite) und Wendeplättchen (Beilage 3) verwenden

1,3 Wendeplättchen (Beilage 3) verwenden
* Individuelle Lösung

Mathetiger Basistraining 1 – Lösungen (Seite 30–33)

Zerlegungen der Zahl 8

zu Heft 1, S. 41
zu Schülerbuch, S. 32

1. Wirf 8 Plättchen. Ordne, male und schreibe.

* OOOOO OOO   8 / +

OOOOO OOO   8 / +

OOOOO OOO   8 / +

2. Schreibe.

●●●●●●●●   8 / 3 + 5

●●●●●●●●   8 / 2 + 6

●●●●●●●●   8 / 8 + 0

3. Lege und male.

8
4 + 4
0 + 8
5 + 3
2 + 6

1,3 Wendeplättchen (Beilage 3) verwenden
* Individuelle Lösung

Formen in der Umwelt

zu Heft 1, S. 48
zu Schülerbuch, S. 36

Was passt zusammen? Verbinde.

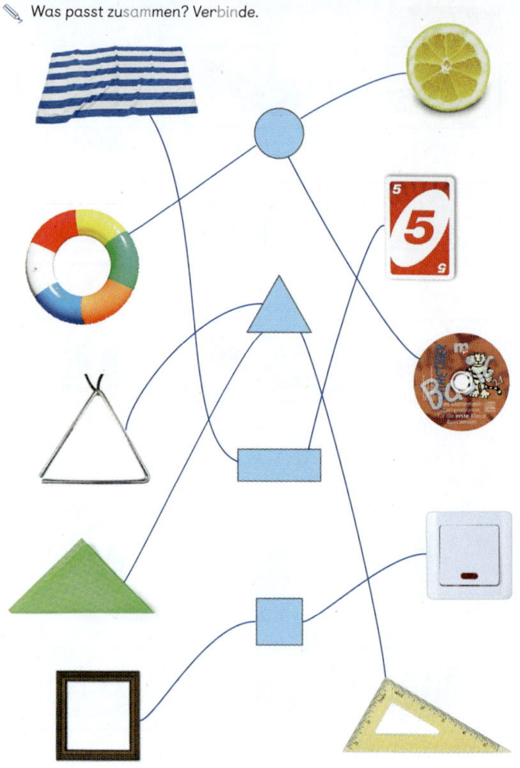

Grundformen an Gegenständen entdecken und passend verbinden

Zerlegungen der Zahl 9

zu Heft 2, S. 8
zu Schülerbuch, S. 43

1. Wirf 9 Plättchen. Ordne, male und schreibe.

* OOOOO OOOO   9 / +

OOOOO OOOO   9 / +

OOOOO OOOO   9 / +

2. Schreibe.

●●●●●●●●●   9 / 3 + 6

●●●●●●●●●   9 / 7 + 2

●●●●●●●●●   9 / 5 + 4

3. Lege und male.

9
4 + 5
6 + 3
8 + 1
0 + 9

1,3 Wendeplättchen (Beilage 3) verwenden
* Individuelle Lösung

Zerlegungen der Zahl 10

zu Heft 2, S. 9
zu Schülerbuch, S. 44

1. Wirf 10 Plättchen. Ordne, male und schreibe.

* OOOOO OOOOO   10 / +

OOOOO OOOOO   10 / +

OOOOO OOOOO   10 / +

2. Schreibe.

●●●●●●●●●●   10 / 3 + 7

●●●●●●●●●●   10 / 8 + 2

●●●●●●●●●●   10 / 5 + 5

3. Lege und male.

10
4 + 6
9 + 1
10 + 0
2 + 8

1,3 Wendeplättchen (Beilage 3) verwenden
* Individuelle Lösung

Mathetiger Basistraining 1 – Lösungen (Seite 34–37)

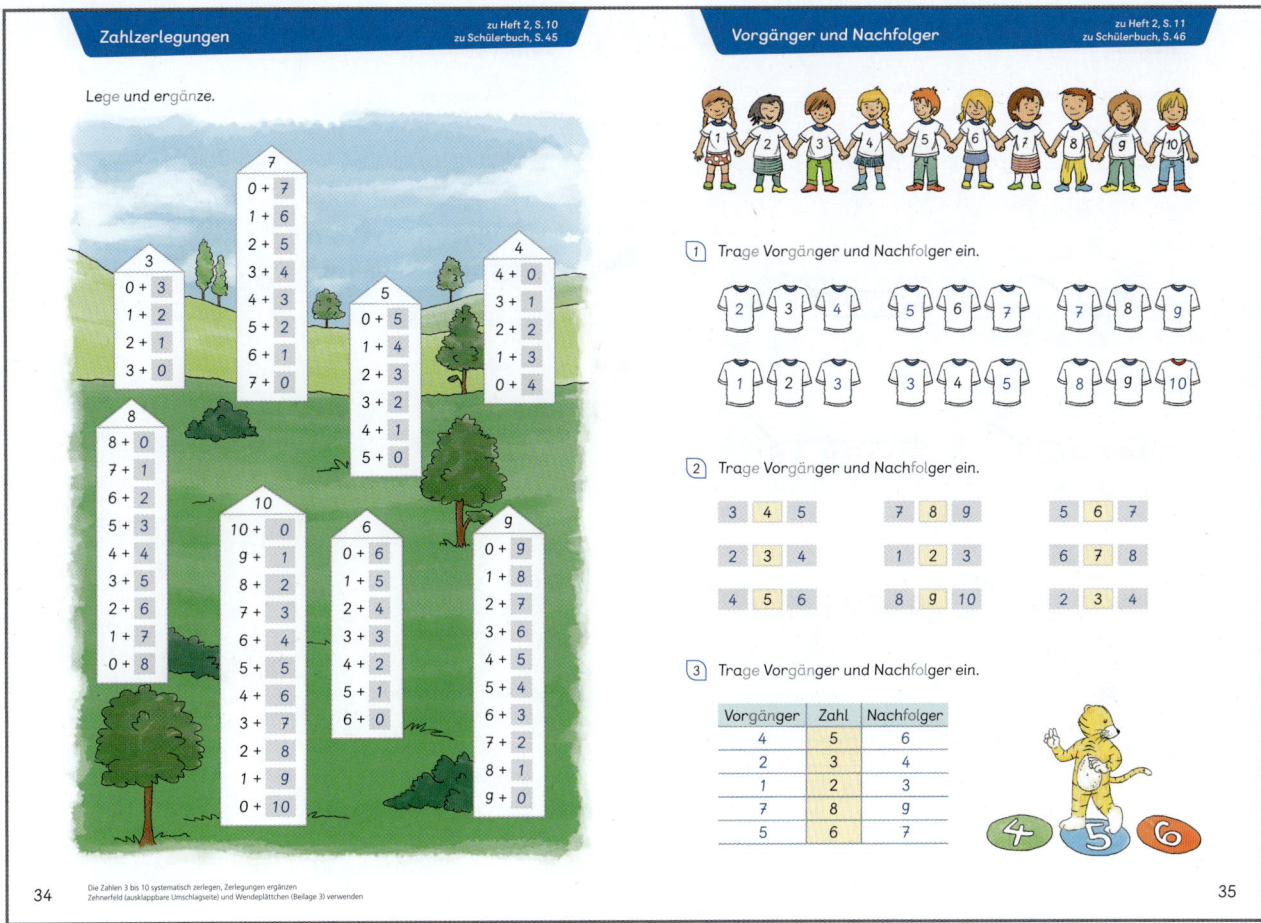

Zahlzerlegungen

zu Heft 2, S. 10
zu Schülerbuch, S. 45

Lege und ergänze.

3
0 + 3
1 + 2
2 + 1
3 + 0
7
0 + 7
1 + 6
2 + 5
3 + 4
4 + 3
5 + 2
6 + 1
7 + 0
5
0 + 5
1 + 4
2 + 3
3 + 2
4 + 1
5 + 0
4
4 + 0
3 + 1
2 + 2
1 + 3
0 + 4
8
8 + 0
7 + 1
6 + 2
5 + 3
4 + 4
3 + 5
2 + 6
1 + 7
0 + 8
10
10 + 0
9 + 1
8 + 2
7 + 3
6 + 4
5 + 5
4 + 6
3 + 7
2 + 8
1 + 9
0 + 10
6
0 + 6
1 + 5
2 + 4
3 + 3
4 + 2
5 + 1
6 + 0
9
0 + 9
1 + 8
2 + 7
3 + 6
4 + 5
5 + 4
6 + 3
7 + 2
8 + 1
9 + 0

Die Zahlen 3 bis 10 systematisch zerlegen, Zerlegungen ergänzen
Zehnerfeld (ausklappbare Umschlagseite) und Wendeplättchen (Beilage 3) verwenden

Vorgänger und Nachfolger

zu Heft 2, S. 11
zu Schülerbuch, S. 46

1
2
3
4
5
6
7
8
9
10

1 Trage Vorgänger und Nachfolger ein.

2 3 4 | 5 6 7 | 7 8 9

1 2 3 | 3 4 5 | 8 9 10

2 Trage Vorgänger und Nachfolger ein.

3 4 5 | 7 8 9 | 5 6 7

2 3 4 | 1 2 3 | 6 7 8

4 5 6 | 8 9 10 | 2 3 4

3 Trage Vorgänger und Nachfolger ein.

Vorgänger	Zahl	Nachfolger
4	5	6
2	3	4
1	2	3
7	8	9
5	6	7

4
5
6

Tauschaufgaben

zu Heft 2, S. 14
zu Schülerbuch, S. 47

1 Schreibe Aufgabe und Tauschaufgabe.

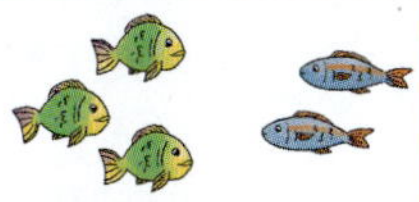

3 + 2 = 5
2 + 3 = 5

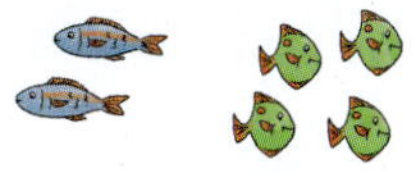

2 + 4 = 6
4 + 2 = 6

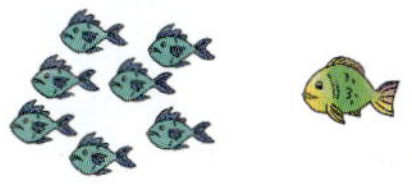

7 + 1 = 8
1 + 7 = 8

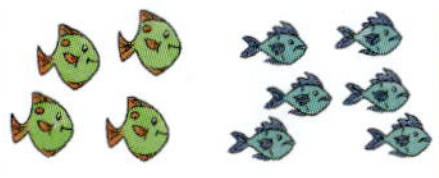

4 + 6 = 10
6 + 4 = 10

2 Lege. Schreibe Aufgabe und Tauschaufgabe.

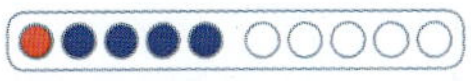

1 + 4 = 5
4 + 1 = 5

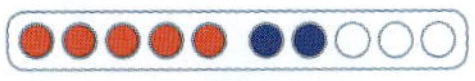

5 + 2 = 7
2 + 5 = 7

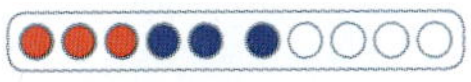

3 + 3 = 6
3 + 3 = 6

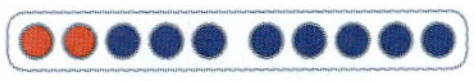

2 + 8 = 10
8 + 2 = 10

2 Zehnerfeld (ausklappbare Umschlagseite) und Wendeplättchen (Beilage 3) verwenden

Minusaufgaben finden

zu Heft 2, S. 20
zu Schülerbuch, S. 51

1 Rechne.

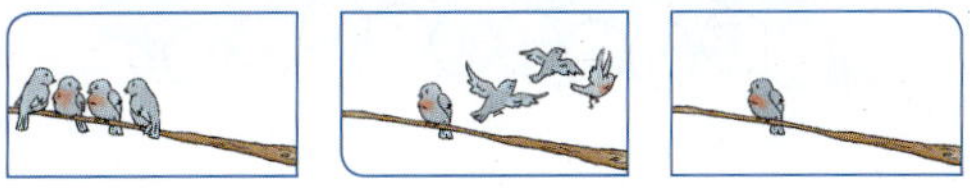

4 – 3 = 1

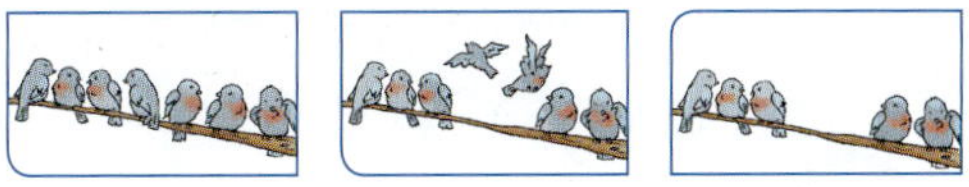

7 – 2 = 5

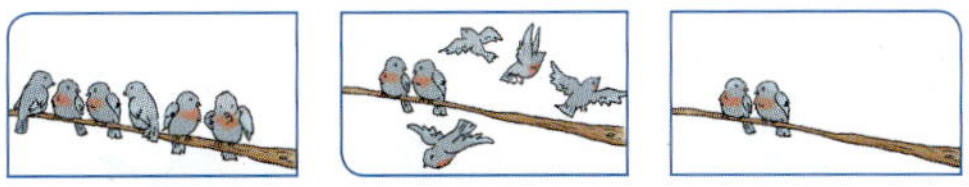

6 – 4 = 2

2 Male und rechne.

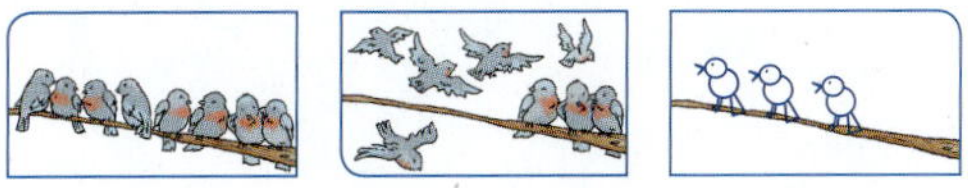

8 – 5 = 3

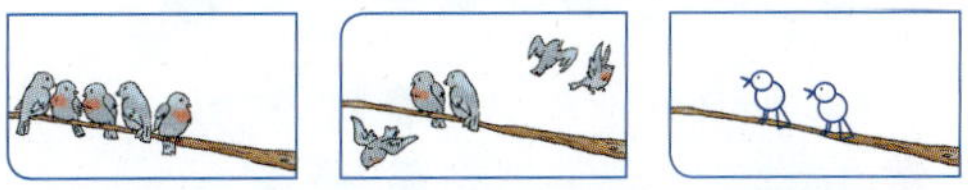

5 – 3 = 2

1 Minusaufgaben aufschreiben und lösen
2 Minusaufgaben zeichnerisch vervollständigen, aufschreiben und lösen

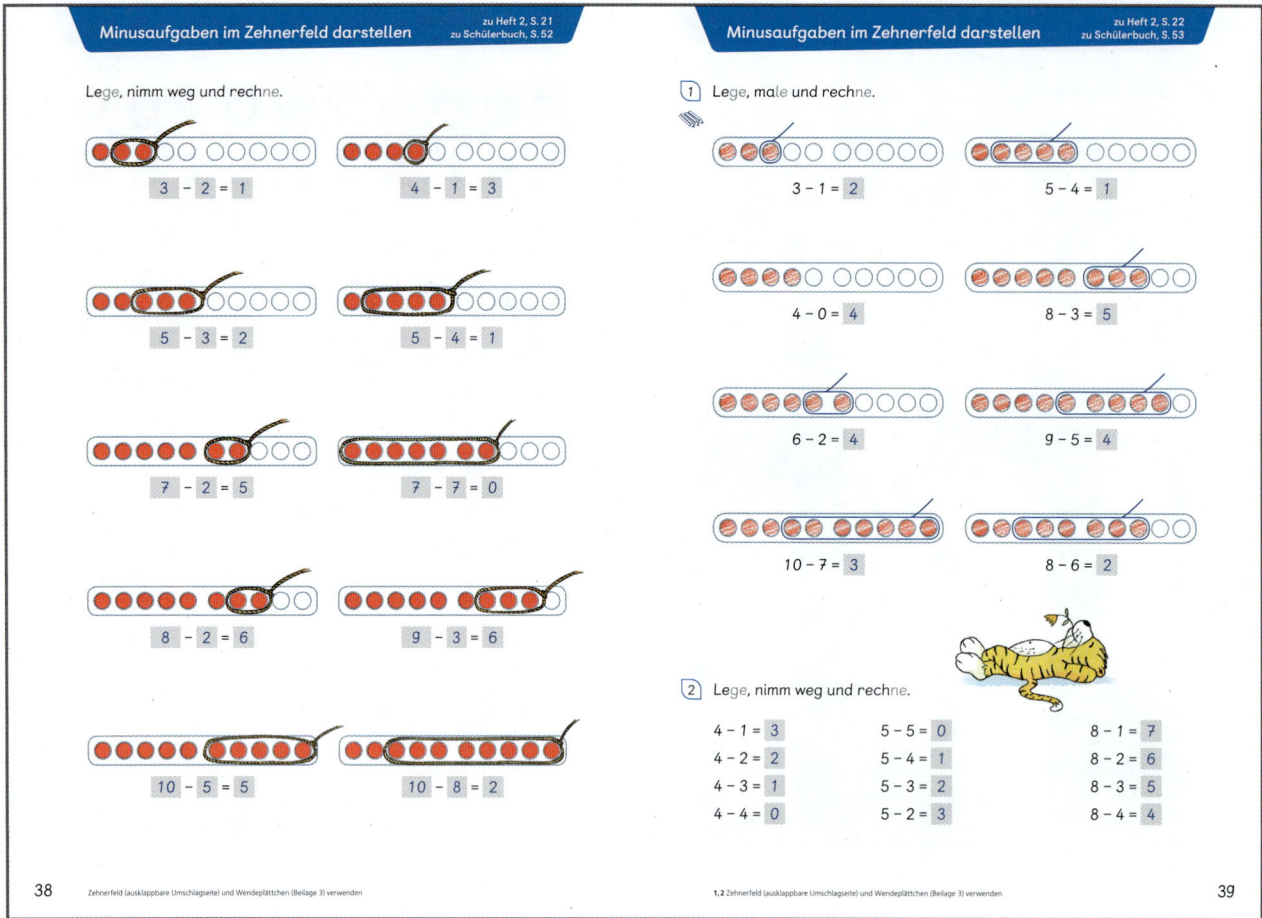

Lege, nimm weg und rechne.

$3 - 2 = 1$ $4 - 1 = 3$

$5 - 3 = 2$ $5 - 4 = 1$

$7 - 2 = 5$ $7 - 7 = 0$

$8 - 2 = 6$ $9 - 3 = 6$

$10 - 5 = 5$ $10 - 8 = 2$

1. Lege, male und rechne.

$3 - 1 = 2$ $5 - 4 = 1$

$4 - 0 = 4$ $8 - 3 = 5$

$6 - 2 = 4$ $9 - 5 = 4$

$10 - 7 = 3$ $8 - 6 = 2$

2. Lege, nimm weg und rechne.

$4 - 1 = 3$	$5 - 5 = 0$	$8 - 1 = 7$
$4 - 2 = 2$	$5 - 4 = 1$	$8 - 2 = 6$
$4 - 3 = 1$	$5 - 3 = 2$	$8 - 3 = 5$
$4 - 4 = 0$	$5 - 2 = 3$	$8 - 4 = 4$

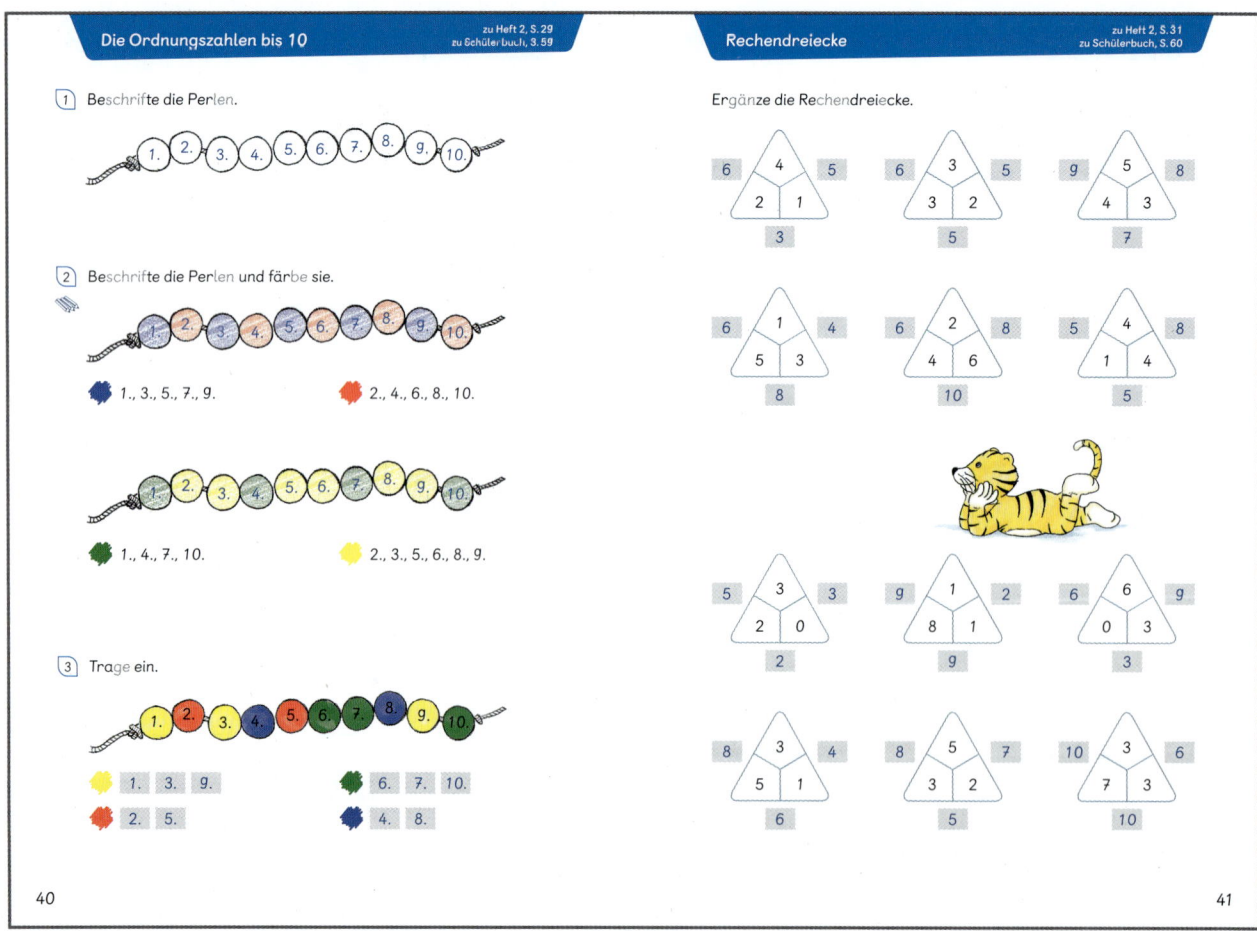

1. Beschrifte die Perlen.

1. 2. 3. 4. 5. 6. 7. 8. 9. 10.

2. Beschrifte die Perlen und färbe sie.

1., 3., 5., 7., 9.   2., 4., 6., 8., 10.

1., 4., 7., 10.   2., 3., 5., 6., 8., 9.

3. Trage ein.

1. 3. 9.   6. 7. 10.

2. 5.   4. 8.

Ergänze die Rechendreiecke.

Dreieck 1: 6, 4, 5, 2, 1, 3

Dreieck 2: 6, 3, 5, 3, 2, 5

Dreieck 3: 9, 5, 8, 4, 3, 7

Dreieck 4: 6, 1, 4, 5, 3, 8

Dreieck 5: 6, 2, 8, 4, 6, 10

Dreieck 6: 5, 4, 8, 1, 4, 5

Dreieck 7: 5, 3, 3, 2, 0, 2

Dreieck 8: 9, 1, 2, 8, 1, 9

Dreieck 9: 6, 6, 9, 0, 3, 3

Dreieck 10: 8, 3, 4, 5, 1, 6

Dreieck 11: 8, 5, 7, 3, 2, 5

Dreieck 12: 10, 3, 6, 7, 3, 10

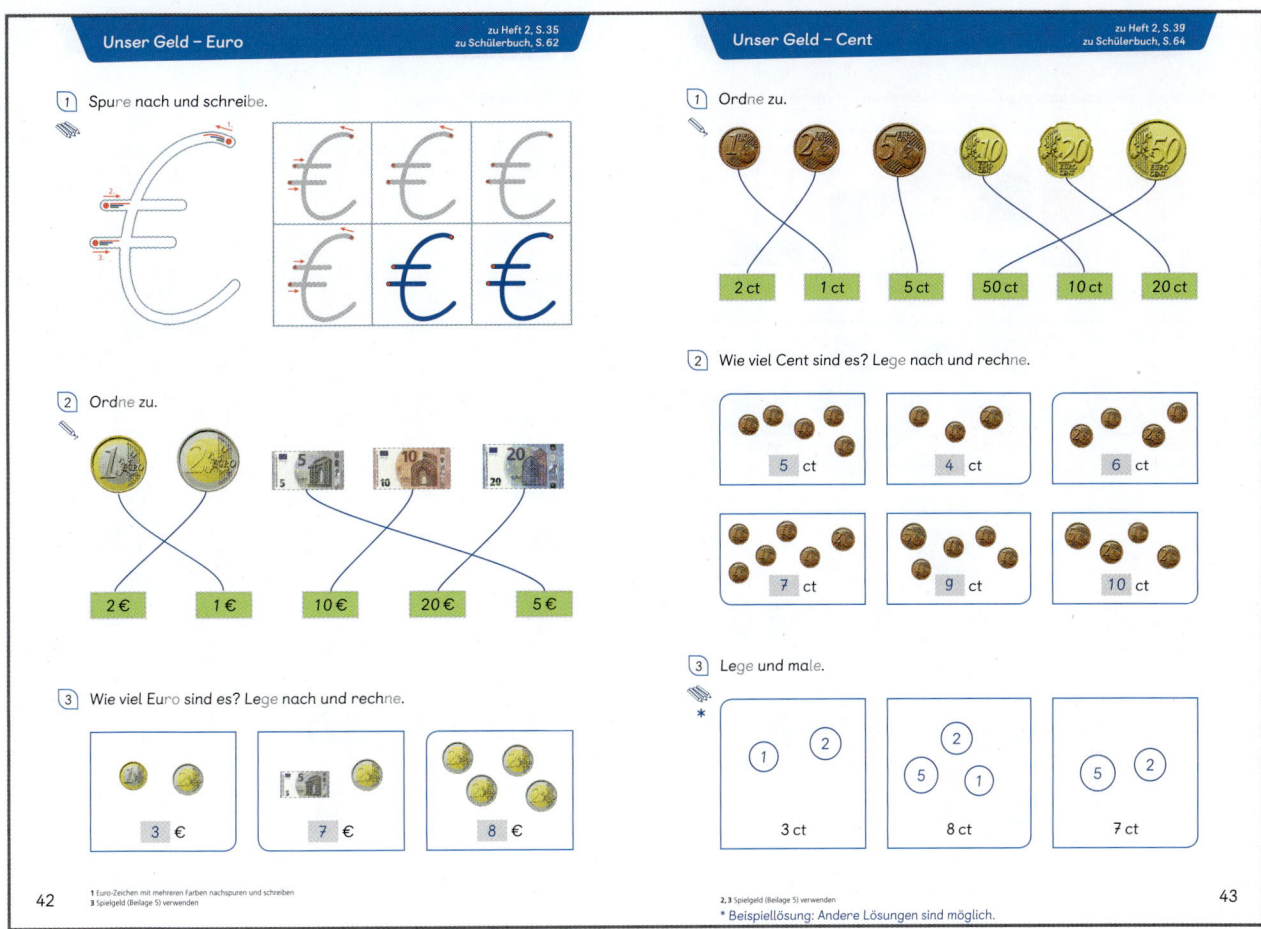

Unser Geld – Euro
zu Heft 2, S. 35
zu Schülerbuch, S. 62

1 Spure nach und schreibe.

€ € €
€ € €

2 Ordne zu.

2 € | 1 € | 10 € | 20 € | 5 €

3 Wie viel Euro sind es? Lege nach und rechne.

3 € | 7 € | 8 €

42

1 Euro-Zeichen mit mehreren Farben nachspuren und schreiben
3 Spielgeld (Beilage 5) verwenden

Unser Geld – Cent
zu Heft 2, S. 39
zu Schülerbuch, S. 64

1 Ordne zu.

2 ct | 1 ct | 5 ct | 50 ct | 10 ct | 20 ct

2 Wie viel Cent sind es? Lege nach und rechne.

5 ct | 4 ct | 6 ct
7 ct | 9 ct | 10 ct

3 Lege und male.

3 ct | 8 ct | 7 ct

43

2,3 Spielgeld (Beilage 5) verwenden
* Beispiellösung: Andere Lösungen sind möglich.

Umkehraufgaben
zu Heft 2, S. 42
zu Schülerbuch, S. 67

Hüpfe Aufgabe und Umkehraufgabe mit einem Spielstein auf der Treppe. Schreibe auf und löse.

$3 \xrightarrow{+1} 4$
$3 + 1 = 4$
$4 - 1 = 3$

$5 \xrightarrow{+3} 8$
$5 + 3 = 8$
$8 - 3 = 5$

$4 \xrightarrow{+5} 9$
$4 + 5 = 9$
$9 - 5 = 4$

$4 \xrightarrow{-2} 2$
$4 - 2 = 2$
$2 + 2 = 4$

$8 \xrightarrow{-8} 0$
$8 - 8 = 0$
$0 + 8 = 8$

$6 \xrightarrow{-5} 1$
$6 - 5 = 1$
$1 + 5 = 6$

44

3 Zahlen – 4 Aufgaben
zu Heft 2, S. 45
zu Schülerbuch, S. 69

1 Schreibe 4 Aufgaben.

3 8 5
$3 + 5 = 8$ $8 - 5 = 3$
$5 + 3 = 8$ $8 - 3 = 5$

2 3 1
$2 + 1 = 3$ $3 - 1 = 2$
$1 + 2 = 3$ $3 - 2 = 1$

5 7 2
$5 + 2 = 7$ $7 - 2 = 5$
$2 + 5 = 7$ $7 - 5 = 2$

8 9 1
$8 + 1 = 9$ $9 - 1 = 8$
$1 + 8 = 9$ $9 - 8 = 1$

2 Schreibe 4 Aufgaben.

2 6 4
$2 + 4 = 6$
$4 + 2 = 6$
$6 - 4 = 2$
$6 - 2 = 4$

1 4 3
$1 + 3 = 4$
$3 + 1 = 4$
$4 - 1 = 3$
$4 - 3 = 1$

3 6 3
$3 + 3 = 6$
$3 + 3 = 6$
$6 - 3 = 3$
$6 - 3 = 3$

2 9 7
$2 + 7 = 9$
$7 + 2 = 9$
$9 - 7 = 2$
$9 - 2 = 7$

45

1,2 Zu drei Zahlen jeweils zwei Plusaufgaben (Tauschaufgaben) und zwei Minusaufgaben (Umkehraufgaben) aufschreiben

Kreis, Dreieck, Viereck

zu Heft 2, S. 47
zu Schülerbuch, S. 70

Immer zwei Teile passen zusammen. Male sie in der gleichen Farbe an.

Rechenmauern

zu Heft 3, S. 4
zu Schülerbuch, S. 74

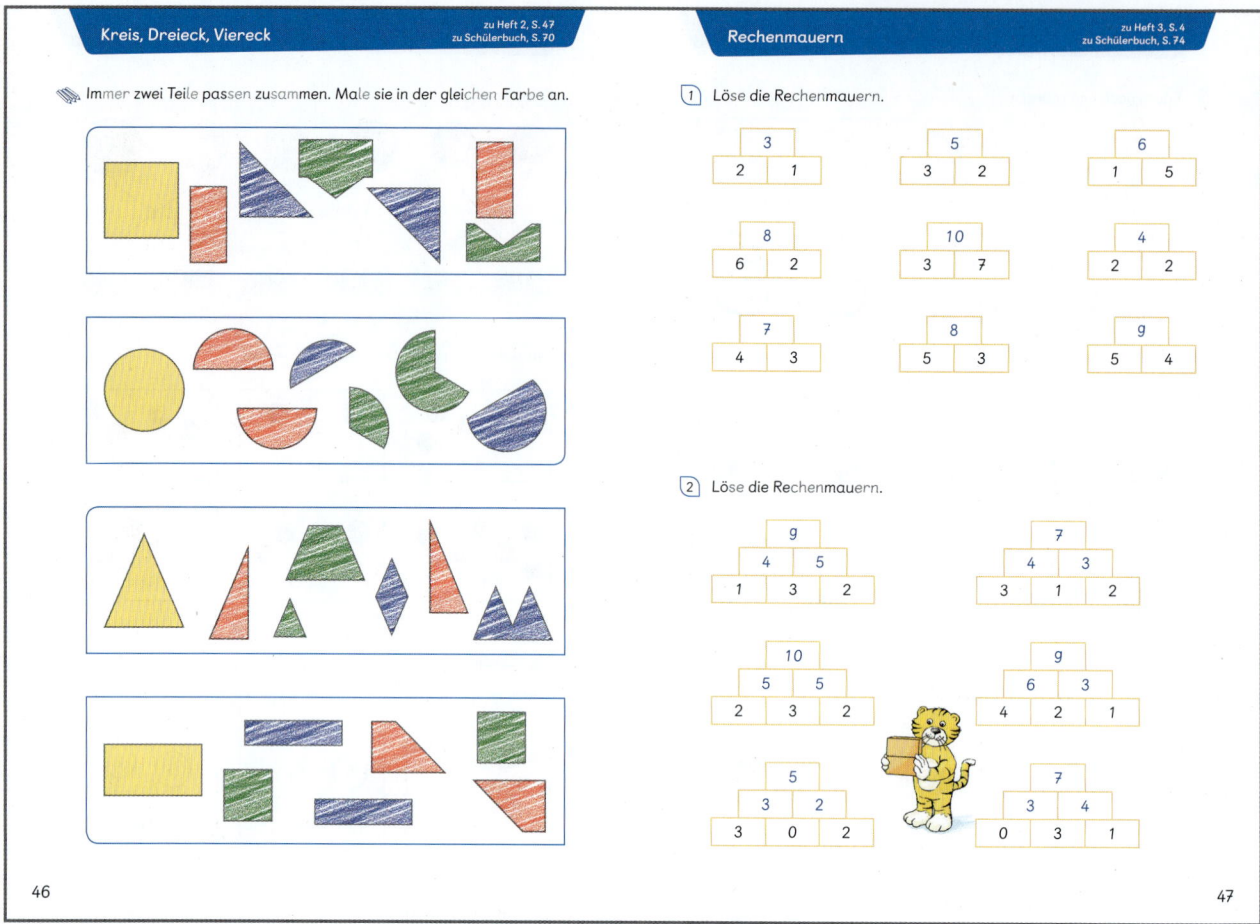

1 Löse die Rechenmauern.

3
2	1

5
3	2

6
1	5

8
6	2

10
3	7

4
2	2

7
4	3

8
5	3

9
5	4

2 Löse die Rechenmauern.

9
4	5
1	3	2

7
4	3
3	1	2

10
5	5
2	3	2

9
6	3
4	2	1

5
3	2
3	0	2

7
3	4
0	3	1

Zu Zehnern bündeln

zu Heft 3, S. 9
zu Schülerbuch, S. 78

Fülle die Kartons. Wie viele Eier sind es?

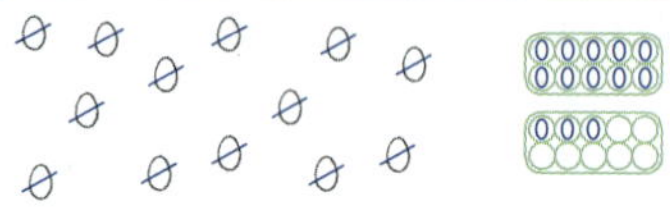

Z	E
1	3

13 Eier

Z	E
1	2

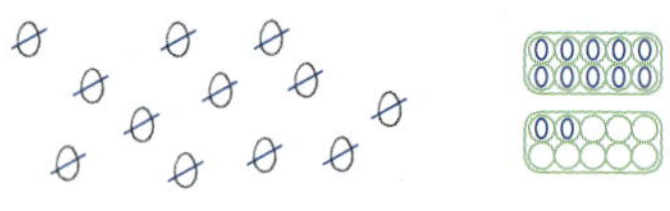

12 Eier

Z	E
1	6

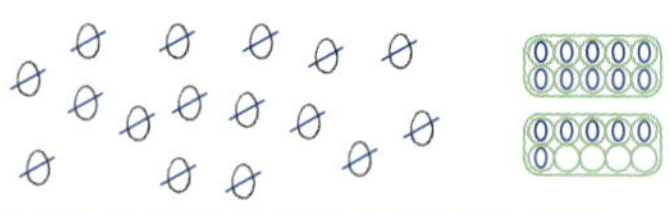

16 Eier

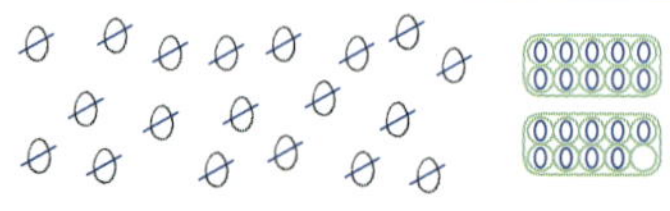

Z	E
1	9

19 Eier

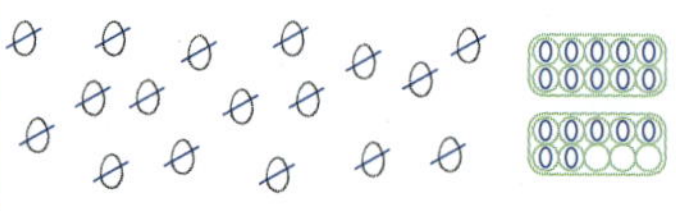

Z	E
1	7

17 Eier

Zehner und Einer – Stellenwerttabelle

zu Heft 3, S. 10
zu Schülerbuch, S. 79

Wie viele sind es? Kreise immer erst 10 ein.

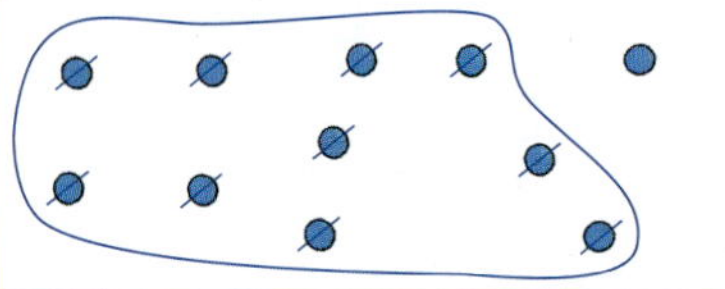

Z	E
1	1

11 Punkte

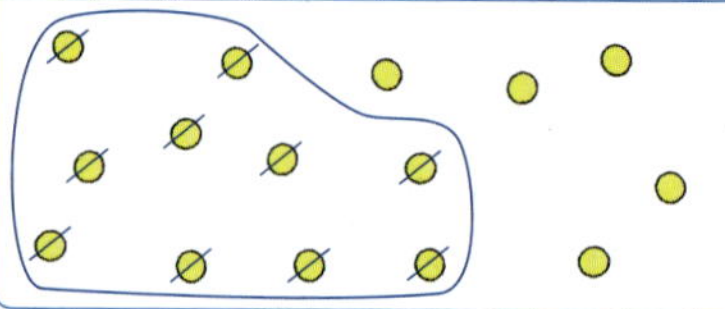

Z	E
1	5

15 Punkte

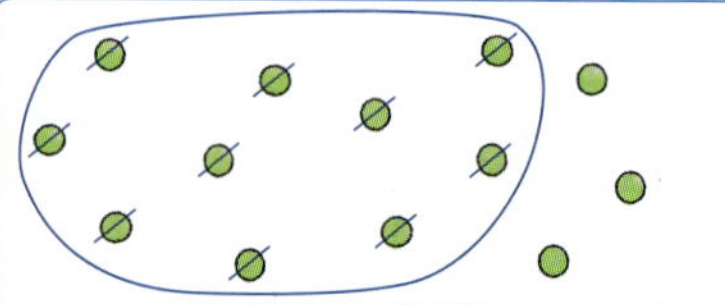

Z	E
1	3

13 Punkte

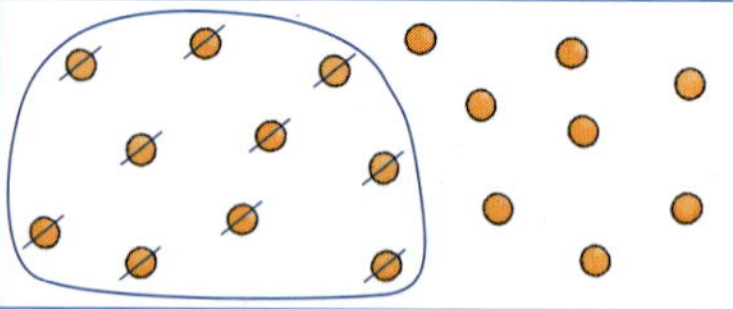

Z	E
1	8

18 Punkte

Immer 10 Eier in eine Schachtel malen. Anzahl der vollen Schachteln und der einzelnen Eier in Tabelle eintragen, Gesamtanzahl aufschreiben

Jeweils zu Zehnern bündeln, Stellenwerte eintragen, Gesamtanzahl aufschreiben

Zehner und Einer im Zwanzigerfeld

zu Heft 3, S. 13
zu Schülerbuch, S. 80

1 Lege, male und schreibe.

*Zehner rot,
Einer blau*

Z	E	
1	4	14

Z	E	
1	6	16

Z	E	
1	1	11

Z	E	
1	9	19

Z	E	
1	5	15

Z	E	
2	0	20

2 Wandle um.

12 = 1 Z 2 E   13 = 1 Z 3 E   18 = 1 Z 8 E
14 = 1 Z 4 E   17 = 1 Z 7 E   10 = 1 Z 0 E
15 = 1 Z 5 E   11 = 1 Z 1 E   20 = 2 Z 0 E

1 Zwanzigerfeld (ausklappbare Umschlagseite oder Beilage 3) und Wendeplättchen (Beilage 3) verwenden

Die Zahlen bis 20

zu Heft 3, S. 14
zu Schülerbuch, S. 81

Verbinde mit der richtigen Zahl.

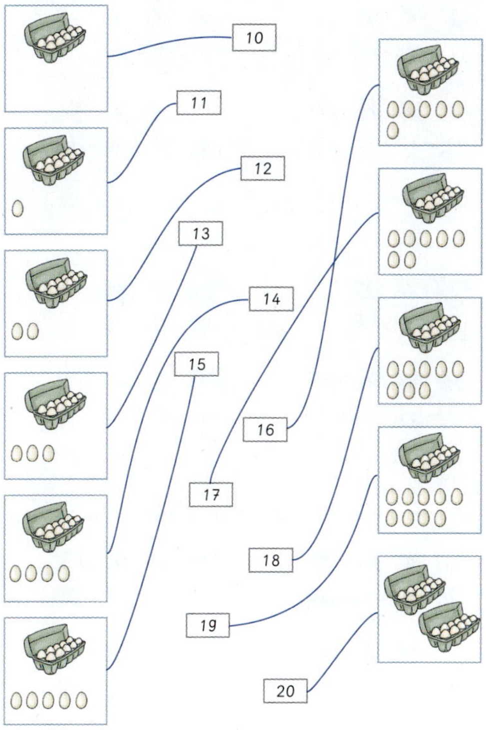

10
11
12
13
14
15
16
17
18
19
20

Die Zahlenreihe bis 20

zu Heft 3, S. 18
zu Schülerbuch, S. 83

1 Trage die fehlenden Zahlen ein.

1 2 3 4 5 6 7 8 9 10

11 12 13 14 15 16 17 18 19 20

2 Trage die fehlenden Zahlen ein.

1 2 3   7 8 9
11 12 13   17 18 19
6 7 8   2 3 4
16 17 18   12 13 14

3 Verbinde die Punkte.
Beginne bei 0.

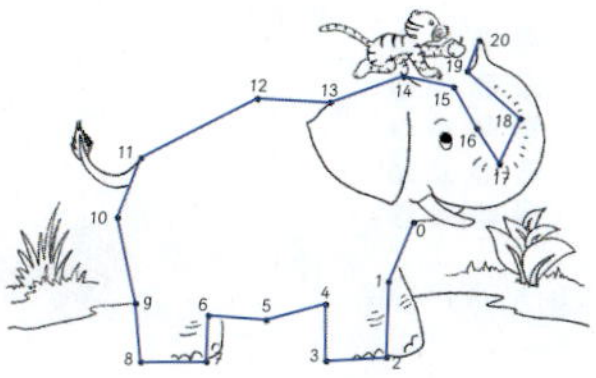

Vorgänger und Nachfolger

zu Heft 3, S. 19
zu Schülerbuch, S. 84

1 Trage Vorgänger und Nachfolger ein.

6 7 8
Vorgänger Zahl Nachfolger

8 9 10
Vorgänger Zahl Nachfolger

9 10 11
Vorgänger Zahl Nachfolger

13 14 15
Vorgänger Zahl Nachfolger

17 18 19
Vorgänger Zahl Nachfolger

18 19 20
Vorgänger Zahl Nachfolger

2 Trage Vorgänger und Nachfolger ein.

V	Zahl	N
2	3	4
3	4	5
7	8	9

V	Zahl	N
11	12	13
14	15	16
16	17	18

V	Zahl	N
1	2	3
4	5	6
13	14	15

V	Zahl	N
5	6	7
10	11	12
12	13	14

1, 2 Fehlende Zahlen eintragen, Analogie beachten

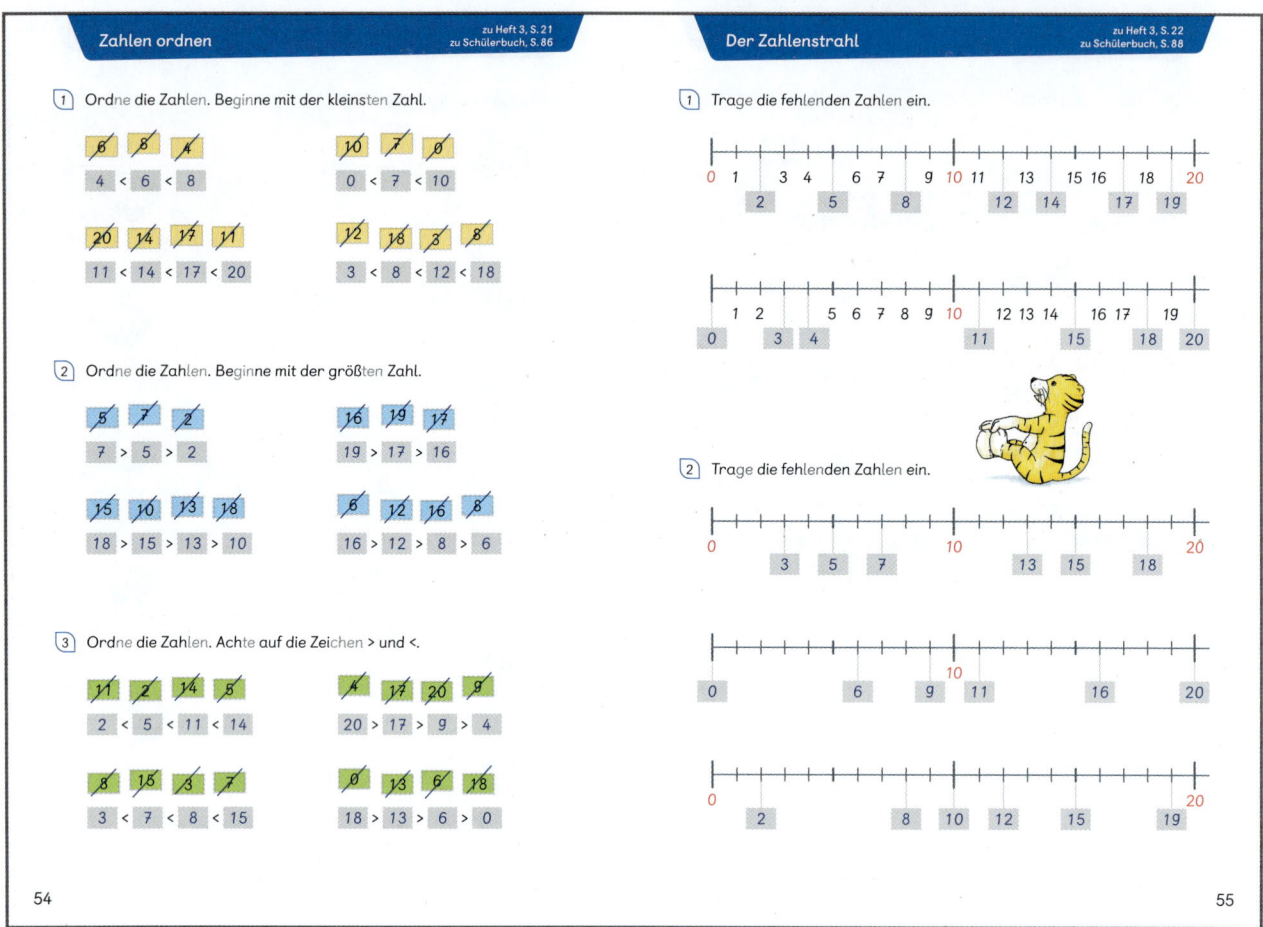

Zahlen ordnen

zu Heft 3, S. 21
zu Schülerbuch, S. 86

(1) Ordne die Zahlen. Beginne mit der kleinsten Zahl.

~~6~~ ~~8~~ ~~4~~
4 < 6 < 8

~~10~~ ~~7~~ ~~0~~
0 < 7 < 10

~~20~~ ~~14~~ ~~17~~ ~~11~~
11 < 14 < 17 < 20

~~12~~ ~~18~~ ~~3~~ ~~8~~
3 < 8 < 12 < 18

(2) Ordne die Zahlen. Beginne mit der größten Zahl.

~~5~~ ~~7~~ ~~2~~
7 > 5 > 2

~~16~~ ~~19~~ ~~17~~
19 > 17 > 16

~~15~~ ~~10~~ ~~13~~ ~~18~~
18 > 15 > 13 > 10

~~6~~ ~~12~~ ~~16~~ ~~8~~
16 > 12 > 8 > 6

(3) Ordne die Zahlen. Achte auf die Zeichen > und <.

~~11~~ ~~2~~ ~~14~~ ~~5~~
2 < 5 < 11 < 14

~~4~~ ~~17~~ ~~20~~ ~~9~~
20 > 17 > 9 > 4

~~8~~ ~~15~~ ~~3~~ ~~7~~
3 < 7 < 8 < 15

~~0~~ ~~13~~ ~~6~~ ~~18~~
18 > 13 > 6 > 0

Der Zahlenstrahl

zu Heft 3, S. 22
zu Schülerbuch, S. 88

(1) Trage die fehlenden Zahlen ein.

0 1 3 4 6 7 9 10 11 13 15 16 18 20
2 5 8 12 14 17 19

1 2 5 6 7 8 9 10 12 13 14 16 17 19
0 3 4 11 15 18 20

(2) Trage die fehlenden Zahlen ein.

0 10 20
3 5 7 13 15 18

10
0 6 9 11 16 20

0 20
2 8 10 12 15 19

Symmetrische Muster

zu Heft 3, S. 30
zu Schülerbuch, S. 94

Ergänze die Muster spiegelbildlich. Überprüfe mit dem Spiegel.

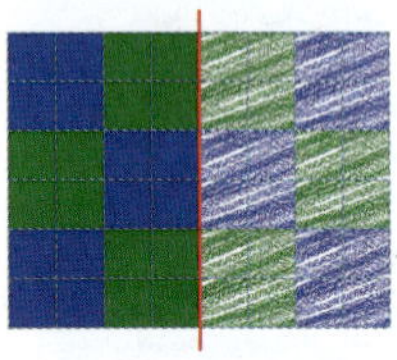

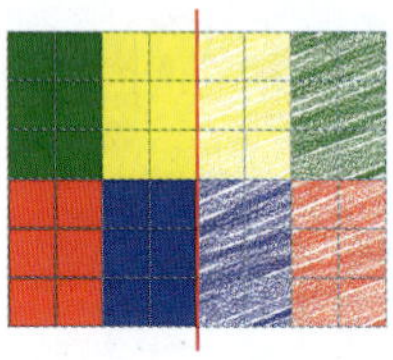

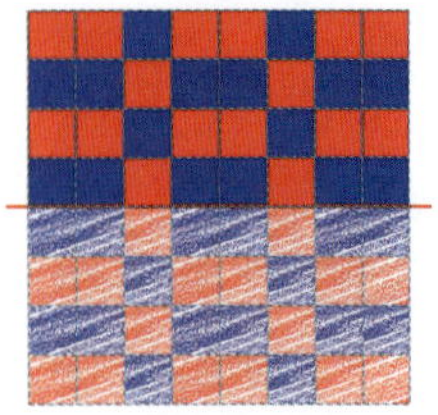

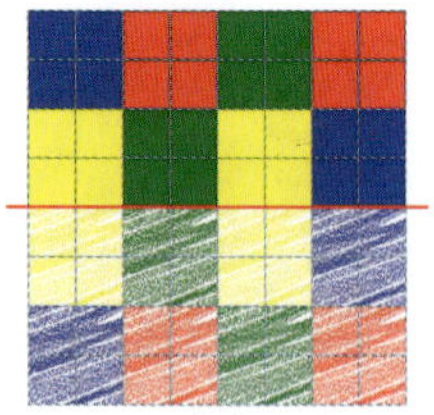

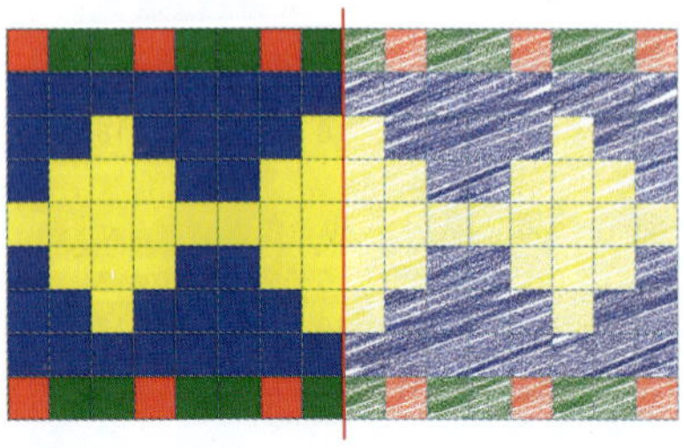

Verdoppeln mit dem Spiegel

zu Heft 3, S. 32
zu Schülerbuch, S. 95

Verdopple. Überprüfe mit dem Spiegel.

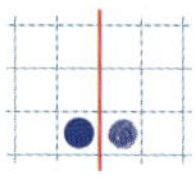

1 + 1 = 2

2 + 2 = 4

3 + 3 = 6

4 + 4 = 8

5 + 5 = 10

6 + 6 = 12

7 + 7 = 14

8 + 8 = 16

9 + 9 = 18

10 + 10 = 20

Spiegelbild ergänzen, Verdopplungsaufgabe aufschreiben und mit dem Spiegel überprüfen

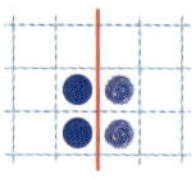

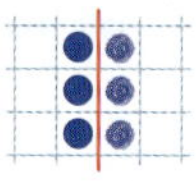

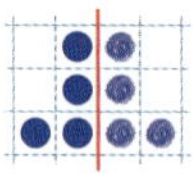

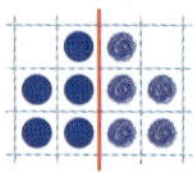

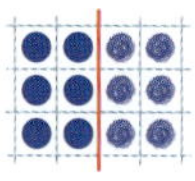

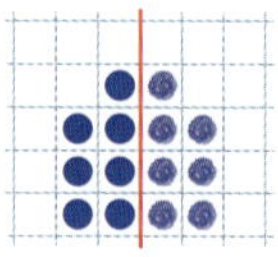

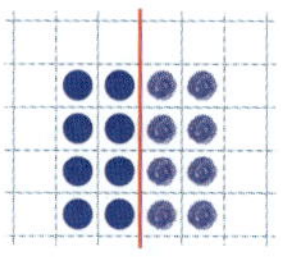

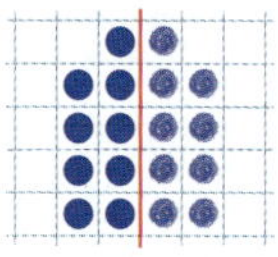

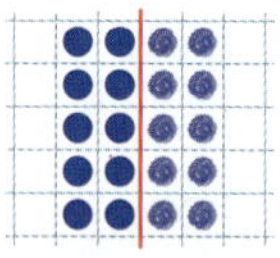

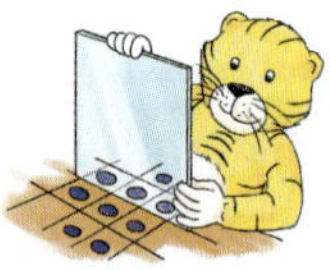

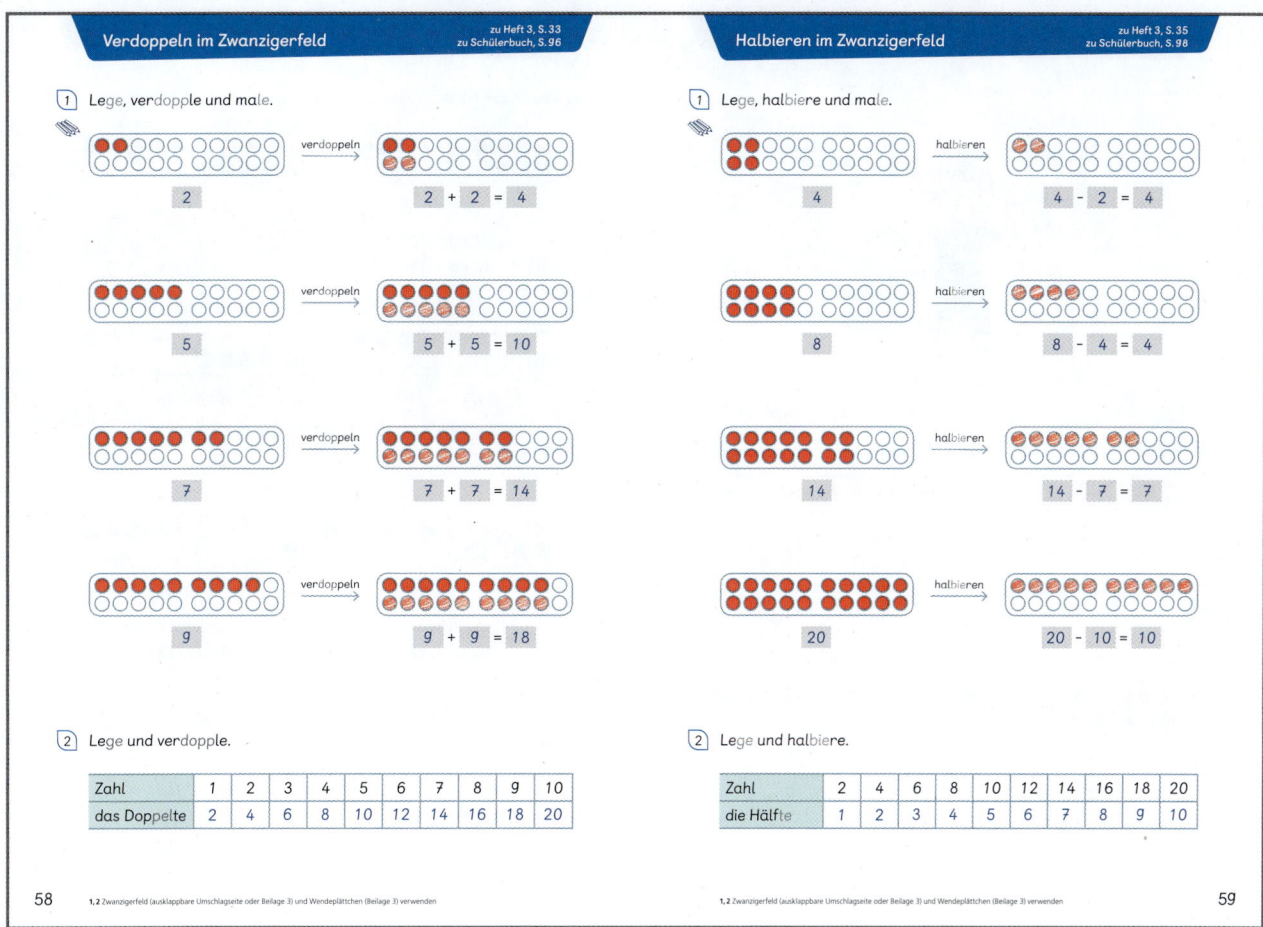

1 Lege, verdopple und male.

	verdoppeln	
2		2 + 2 = 4
5		5 + 5 = 10
7		7 + 7 = 14
9		9 + 9 = 18

2 Lege und verdopple.

Zahl	1	2	3	4	5	6	7	8	9	10
das Doppelte	2	4	6	8	10	12	14	16	18	20

1 Lege, halbiere und male.

	halbieren	
4		4 - 2 = 4
8		8 - 4 = 4
14		14 - 7 = 7
20		20 - 10 = 10

2 Lege und halbiere.

Zahl	2	4	6	8	10	12	14	16	18	20
die Hälfte	1	2	3	4	5	6	7	8	9	10

1 Rechne die kleine Aufgabe zuerst. Decke dazu den Zehner ab.

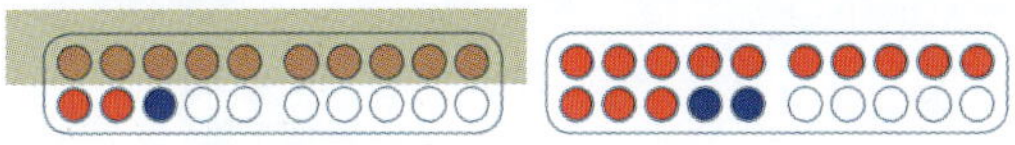

12 + 1 = 13
2 + 1 = 3

13 + 2 = 15
3 + 2 = 5

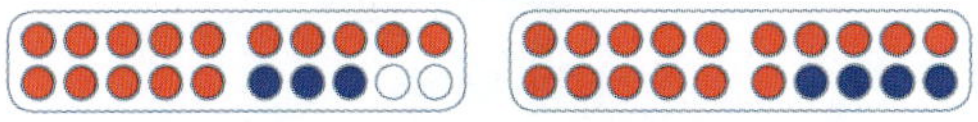

15 + 3 = 18
5 + 3 = 8

16 + 4 = 20
6 + 4 = 10

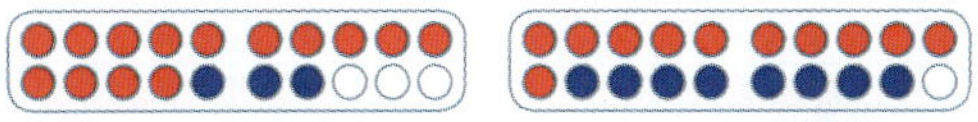

14 + 3 = 17
4 + 3 = 7

11 + 8 = 19
1 + 8 = 9

2 Lege. Rechne die kleine Aufgabe zuerst.

13 + 4 = 17
3 + 4 = 7

11 + 7 = 18
1 + 7 = 8

16 + 3 = 19
6 + 3 = 9

17 + 1 = 18
7 + 1 = 8

15 + 2 = 17
5 + 2 = 7

14 + 6 = 20
4 + 6 = 10

1 Kleine Plusaufgabe durch Abdecken des oberen Zehners finden und lösen, dann große Aufgabe lösen
2 Große Plusaufgabe legen, dann zuerst kleine Aufgabe durch Abdecken finden und lösen
→ Zwanzigerfeld (ausklappbare Umschlagseite oder Beilage 3) und Wendeplättchen (Beilage 3) verwenden

1 Rechne die kleine Aufgabe zuerst. Decke dazu den Zehner ab.

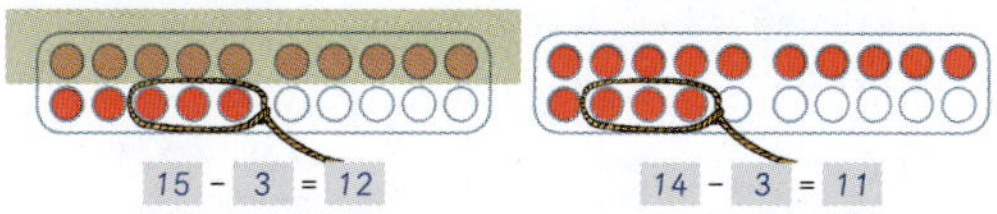

15 - 3 = 12
5 - 3 = 2

14 - 3 = 11
4 - 3 = 1

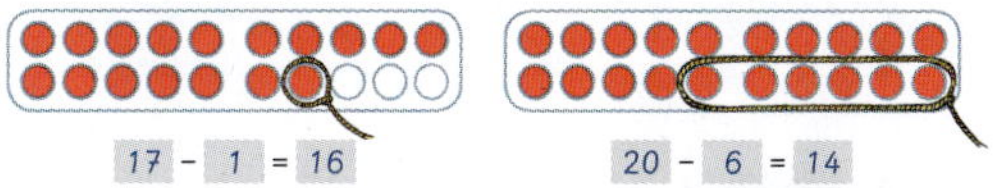

17 - 1 = 16
7 - 1 = 6

20 - 6 = 14
10 - 6 = 4

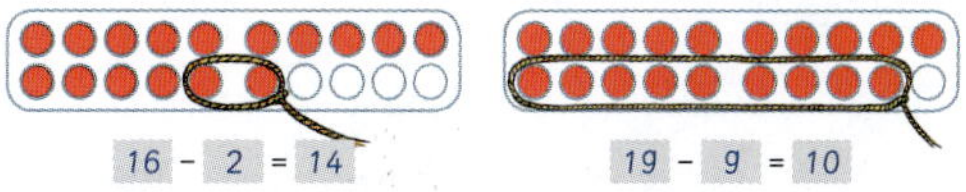

16 - 2 = 14
6 - 2 = 4

19 - 9 = 10
9 - 9 = 0

2 Lege. Rechne die kleine Aufgabe zuerst.

18 - 2 = 16
8 - 2 = 6

13 - 1 = 12
3 - 1 = 2

15 - 4 = 11
5 - 4 = 1

17 - 5 = 12
7 - 5 = 2

16 - 3 = 13
6 - 3 = 3

19 - 6 = 13
9 - 6 = 3

1 Kleine Minusaufgabe durch Abdecken des oberen Zehners finden und lösen, dann große Aufgabe lösen
2 Große Minusaufgabe legen, dann zuerst kleine Aufgabe durch Abdecken finden und lösen
→ Zwanzigerfeld (ausklappbare Umschlagseite oder Beilage 3) und Wendeplättchen (Beilage 3) verwenden

Mathetiger Basistraining 1 – Lösungen (Seite 62–65)

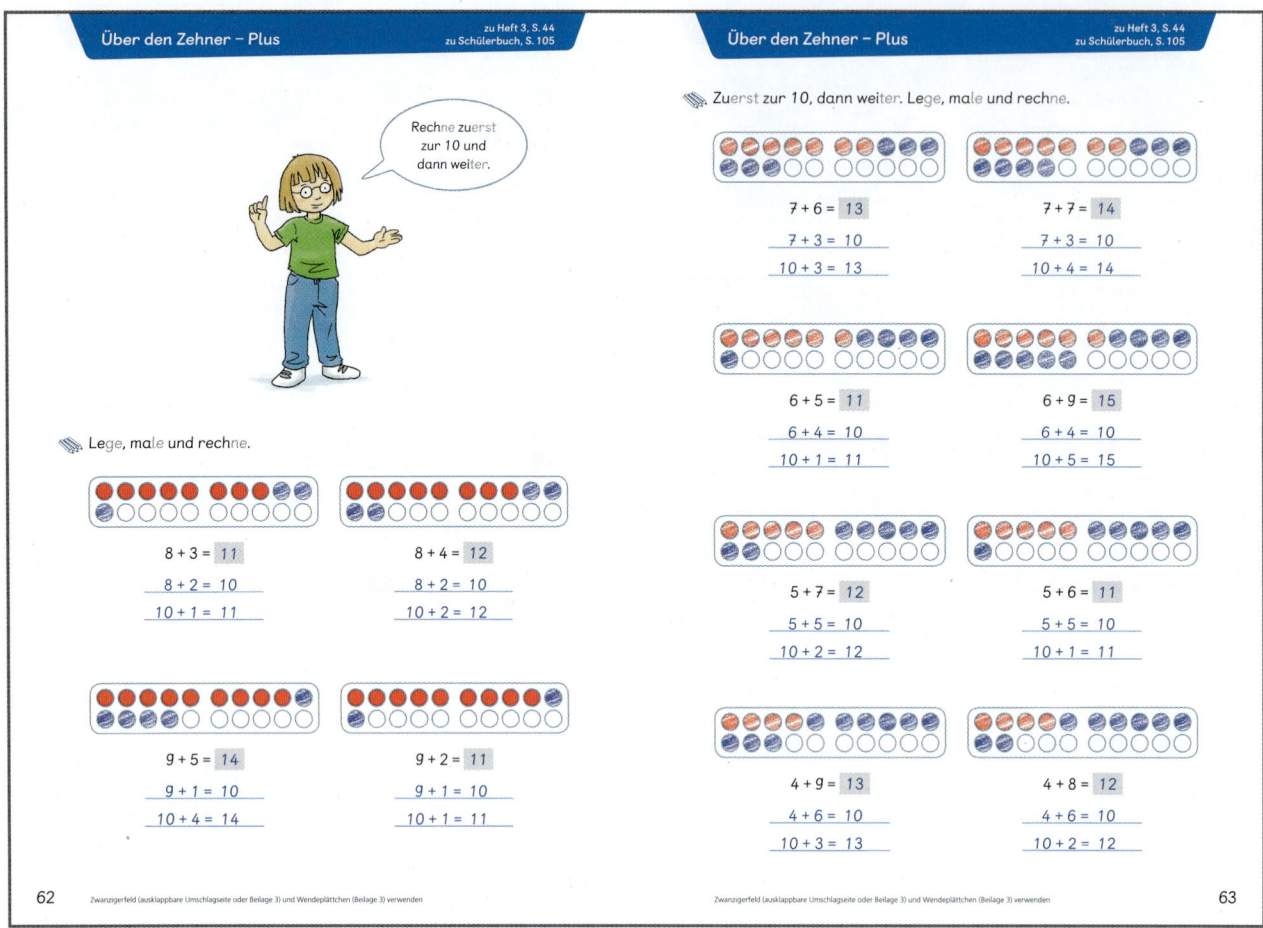

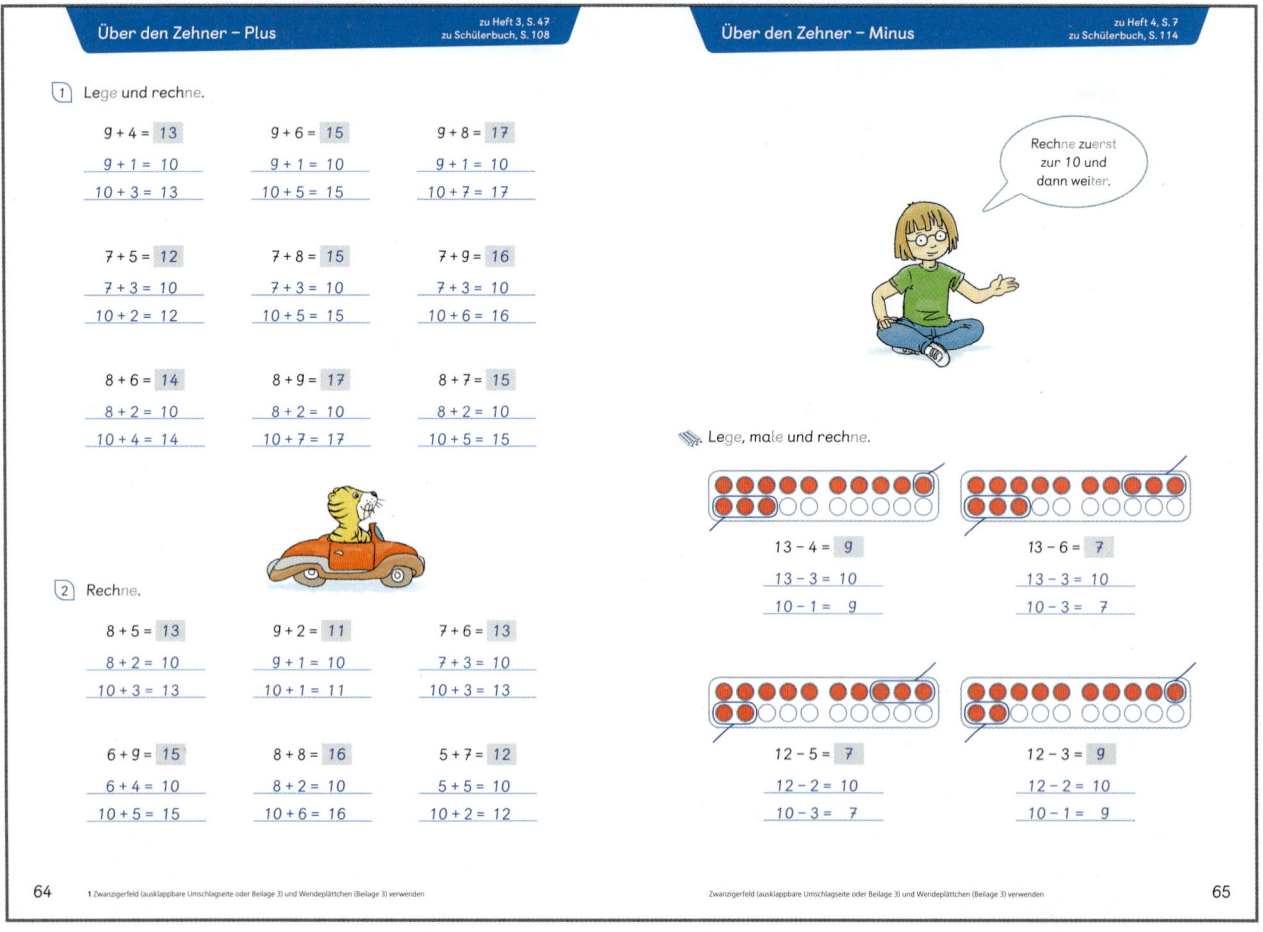

Über den Zehner – Minus
zu Heft 4, S. 7
zu Schülerbuch, S. 114

Zuerst zur 10, dann weiter. Lege, male und rechne.

11 – 3 = 8
11 – 1 = 10
10 – 2 = 8

11 – 6 = 5
11 – 1 = 10
10 – 5 = 5

14 – 5 = 9
14 – 4 = 10
10 – 1 = 9

14 – 9 = 5
14 – 4 = 10
10 – 5 = 5

15 – 8 = 7
15 – 5 = 10
10 – 3 = 7

15 – 7 = 8
15 – 5 = 10
10 – 2 = 8

17 – 9 = 8
17 – 7 = 10
10 – 2 = 8

17 – 8 = 9
17 – 7 = 10
10 – 1 = 9

66 Zwanzigerfeld (ausklappbare Umschlagseite oder Beilage 3) und Wendeplättchen (Beilage 3) verwenden

Über den Zehner – Minus
zu Heft 4, S. 10
zu Schülerbuch, S. 117

1 Lege und rechne.

12 – 4 = 8
12 – 2 = 10
10 – 2 = 8

12 – 6 = 6
12 – 2 = 10
10 – 4 = 6

12 – 9 = 3
12 – 2 = 10
10 – 7 = 3

16 – 7 = 9
16 – 6 = 10
10 – 1 = 9

16 – 9 = 7
16 – 6 = 10
10 – 3 = 7

16 – 10 = 6
16 – 6 = 10
10 – 4 = 6

13 – 8 = 5
13 – 3 = 10
10 – 5 = 5

13 – 7 = 6
13 – 3 = 10
10 – 4 = 6

13 – 5 = 8
13 – 3 = 10
10 – 2 = 8

2 Rechne.

16 – 8 = 8
16 – 6 = 10
10 – 2 = 8

15 – 6 = 9
15 – 5 = 10
10 – 1 = 9

11 – 8 = 3
11 – 1 = 10
10 – 7 = 3

14 – 6 = 8
14 – 4 = 10
10 – 2 = 8

12 – 7 = 5
12 – 2 = 10
10 – 5 = 5

18 – 9 = 9
18 – 8 = 10
10 – 1 = 9

1 Zwanzigerfeld (ausklappbare Umschlagseite oder Beilage 3) und Wendeplättchen (Beilage 3) verwenden 67

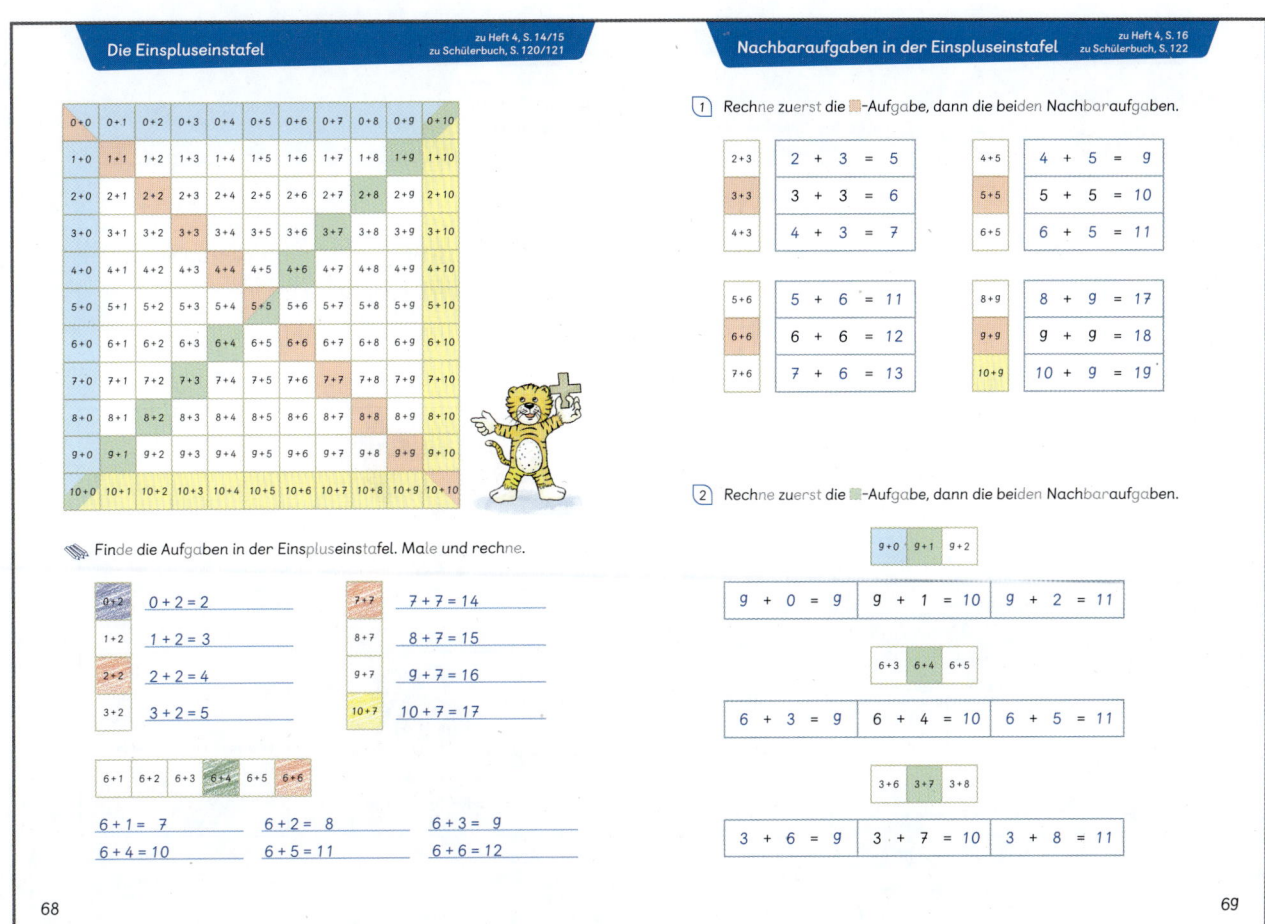

Die Einspluseinstafel
zu Heft 4, S. 14/15
zu Schülerbuch, S. 120/121

Finde die Aufgaben in der Einspluseinstafel. Male und rechne.

0 + 2 = 2
1 + 2 = 3
2 + 2 = 4
3 + 2 = 5

7 + 7 = 14
8 + 7 = 15
9 + 7 = 16
10 + 7 = 17

6 + 1 = 7   6 + 2 = 8   6 + 3 = 9
6 + 4 = 10   6 + 5 = 11   6 + 6 = 12

68

Nachbaraufgaben in der Einspluseinstafel
zu Heft 4, S. 16
zu Schülerbuch, S. 122

1 Rechne zuerst die ▥-Aufgabe, dann die beiden Nachbaraufgaben.

2 + 3 = 5
3 + 3 = 6
4 + 3 = 7

4 + 5 = 9
5 + 5 = 10
6 + 5 = 11

5 + 6 = 11
6 + 6 = 12
7 + 6 = 13

8 + 9 = 17
9 + 9 = 18
10 + 9 = 19

2 Rechne zuerst die ▥-Aufgabe, dann die beiden Nachbaraufgaben.

9 + 0 = 9 | 9 + 1 = 10 | 9 + 2 = 11

6 + 3 = 9 | 6 + 4 = 10 | 6 + 5 = 11

3 + 6 = 9 | 3 + 7 = 10 | 3 + 8 = 11

69

Rechentricks wiederholen

zu Heft 4, S. 18/19
zu Schülerbuch, S. 124/125

1 Rechne Aufgabe und Tauschaufgabe.

6 + 3 = 9   1 + 7 = 8   2 + 4 = 6
3 + 6 = 9   7 + 1 = 8   4 + 2 = 6

5 + 2 = 7   3 + 4 = 7   9 + 1 = 10
2 + 5 = 7   4 + 3 = 7   1 + 9 = 10

2 Rechne die kleine und die große Aufgabe.

3 + 2 = 5   5 + 4 = 9   4 + 3 = 7
13 + 2 = 15 15 + 4 = 19 14 + 3 = 17

1 + 6 = 7   6 + 4 = 10   8 + 1 = 9
11 + 6 = 17 16 + 4 = 20 18 + 1 = 19

3 Rechne die leichte Aufgabe und ihre schwierige Nachbaraufgabe.

5 + 5 = 10   8 + 8 = 16   6 + 6 = 12
5 + 6 = 11   8 + 9 = 17   6 + 7 = 13

10 + 6 = 16 10 + 4 = 14 10 + 7 = 17
9 + 6 = 15   9 + 4 = 13   9 + 7 = 16

Die Uhr

zu Heft 4, S. 20
zu Schülerbuch, S. 126

Schreibe die Uhrzeiten auf.

1 Uhr   2 Uhr   3 Uhr

4 Uhr   5 Uhr   6 Uhr

7 Uhr   8 Uhr   9 Uhr

10 Uhr   11 Uhr   12 Uhr

Uhrzeit ablesen, ggf. auf Lernuhr einstellen

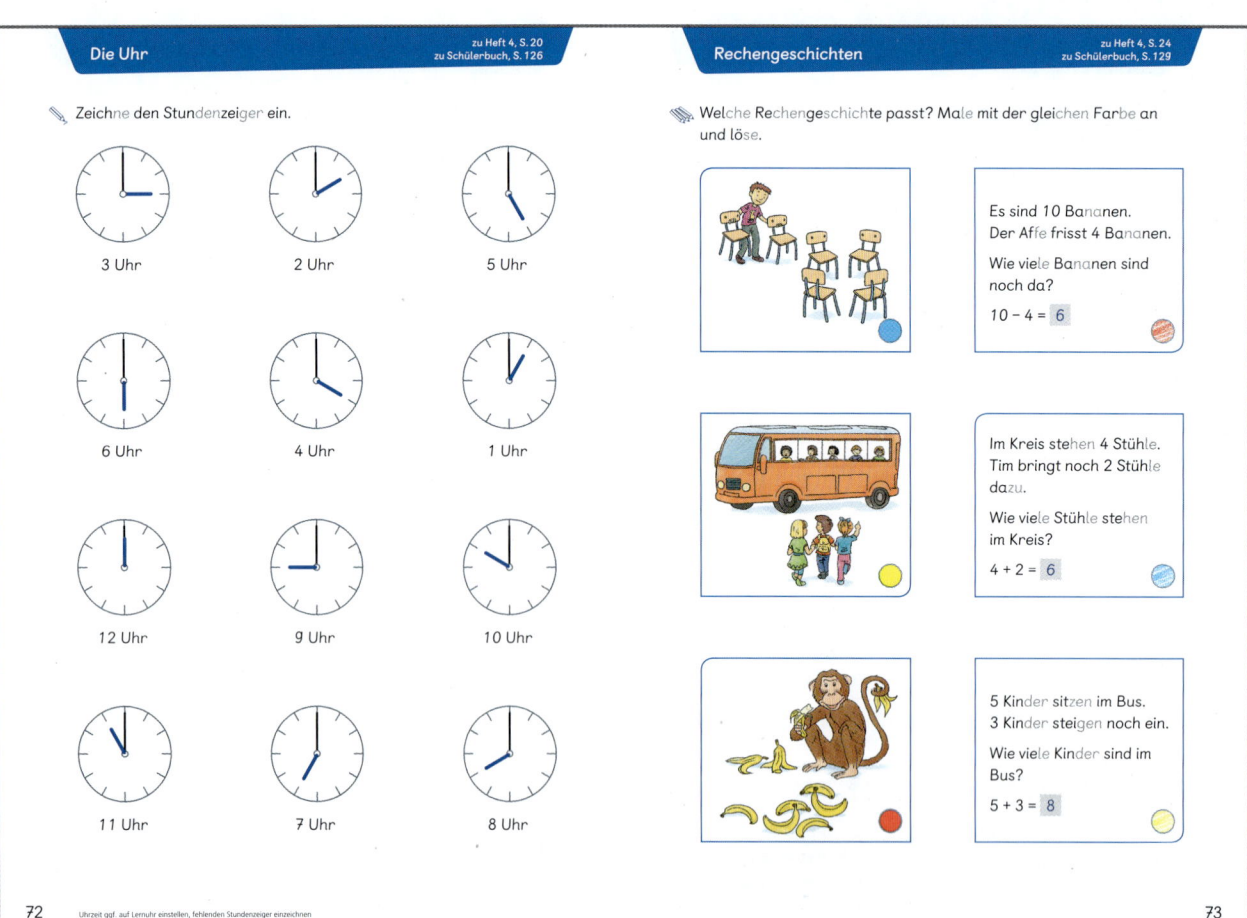

Die Uhr

zu Heft 4, S. 20
zu Schülerbuch, S. 126

Zeichne den Stundenzeiger ein.

3 Uhr   2 Uhr   5 Uhr

6 Uhr   4 Uhr   1 Uhr

12 Uhr   9 Uhr   10 Uhr

11 Uhr   7 Uhr   8 Uhr

Rechengeschichten

zu Heft 4, S. 24
zu Schülerbuch, S. 129

Welche Rechengeschichte passt? Male mit der gleichen Farbe an und löse.

Es sind 10 Bananen. Der Affe frisst 4 Bananen. Wie viele Bananen sind noch da?

10 – 4 = 6

Im Kreis stehen 4 Stühle. Tim bringt noch 2 Stühle dazu. Wie viele Stühle stehen im Kreis?

4 + 2 = 6

5 Kinder sitzen im Bus. 3 Kinder steigen noch ein. Wie viele Kinder sind im Bus?

5 + 3 = 8

Uhrzeit ggf. auf Lernuhr einstellen, fehlenden Stundenzeiger einzeichnen

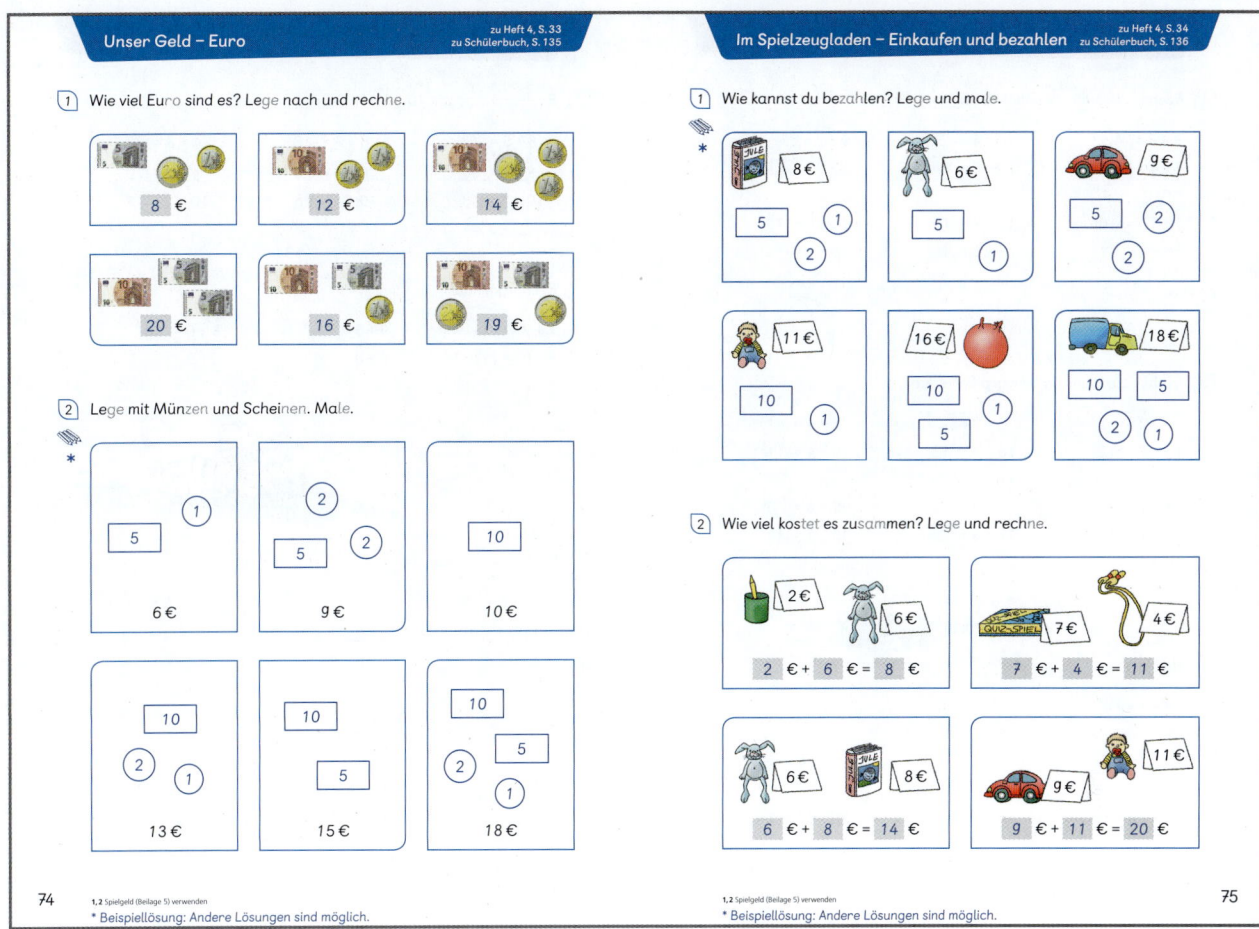

Unser Geld – Euro
zu Heft 4, S. 33
zu Schülerbuch, S. 135

1 Wie viel Euro sind es? Lege nach und rechne.

8 €   12 €   14 €

20 €   16 €   19 €

2 Lege mit Münzen und Scheinen. Male.

5 | 1 → 6 €

2 | 5 | 2 → 9 €

10 → 10 €

10 | 2 | 1 → 13 €

10 | 5 → 15 €

10 | 5 | 2 | 1 → 18 €

74   **1, 2** Spielgeld (Beilage 5) verwenden
* Beispiellösung: Andere Lösungen sind möglich.

Im Spielzeugladen – Einkaufen und bezahlen
zu Heft 4, S. 34
zu Schülerbuch, S. 136

1 Wie kannst du bezahlen? Lege und male.

8 €: 5 | 1 | 2

6 €: 5 | 1

9 €: 5 | 2 | 2

11 €: 10 | 1

16 €: 10 | 1 | 5

18 €: 10 | 5 | 2 | 1

2 Wie viel kostet es zusammen? Lege und rechne.

2 € + 6 € = 8 €

7 € + 4 € = 11 €

6 € + 8 € = 14 €

9 € + 11 € = 20 €

75   **1, 2** Spielgeld (Beilage 5) verwenden
* Beispiellösung: Andere Lösungen sind möglich.

Die Einsminuseinstafel
zu Heft 4, S. 36/37
zu Schülerbuch, S. 138/139

10-0	10-1	10-2	10-3	10-4	10-5	10-6	10-7	10-8	10-9	10-10
11-0	11-1	11-2	11-3	11-4	11-5	11-6	11-7	11-8	11-9	11-10
12-0	12-1	12-2	12-3	12-4	12-5	12-6	12-7	12-8	12-9	12-10
13-0	13-1	13-2	13-3	13-4	13-5	13-6	13-7	13-8	13-9	13-10
14-0	14-1	14-2	14-3	14-4	14-5	14-6	14-7	14-8	14-9	14-10
15-0	15-1	15-2	15-3	15-4	15-5	15-6	15-7	15-8	15-9	15-10
16-0	16-1	16-2	16-3	16-4	16-5	16-6	16-7	16-8	16-9	16-10
17-0	17-1	17-2	17-3	17-4	17-5	17-6	17-7	17-8	17-9	17-10
18-0	18-1	18-2	18-3	18-4	18-5	18-6	18-7	18-8	18-9	18-10
19-0	19-1	19-2	19-3	19-4	19-5	19-6	19-7	19-8	19-9	19-10
20-0	20-1	20-2	20-3	20-4	20-5	20-6	20-7	20-8	20-9	20-10

Finde die Aufgaben in der Einsminuseinstafel. Male und rechne.

10 - 2: 10 – 2 = 8   16 - 8: 16 – 8 = 8
11 - 2: 11 – 2 = 9   17 - 8: 17 – 8 = 9
12 - 2: 12 – 2 = 10   18 - 8: 18 – 8 = 10
13 - 2: 13 – 2 = 11   19 - 8: 19 – 8 = 11

14 – 3 = 11   14 – 4 = 10   14 – 5 = 9
14 – 6 = 8   14 – 7 = 7   14 – 8 = 6

76

Nachbaraufgaben in der Einsminuseinstafel
zu Heft 4, S. 38
zu Schülerbuch, S. 140

1 Rechne zuerst die ▨-Aufgabe, dann die beiden Nachbaraufgaben.

11 - 6: 11 – 6 = 5   13 - 7: 13 – 7 = 6
12 - 6: 12 – 6 = 6   14 - 7: 14 – 7 = 7
13 - 6: 13 – 6 = 7   15 - 7: 15 – 7 = 8

15 - 8: 15 – 8 = 7   17 - 9: 17 – 9 = 8
16 - 8: 16 – 8 = 8   18 - 9: 18 – 9 = 9
17 - 8: 17 – 8 = 9   19 - 9: 19 – 9 = 10

2 Rechne zuerst die ▨-Aufgabe, dann die beiden Nachbaraufgaben.

13 - 2 | 13 - 3 | 13 - 4

13 – 2 = 11 | 13 – 3 = 10 | 13 – 4 = 9

16 - 5 | 16 - 6 | 16 - 7

16 – 5 = 11 | 16 – 6 = 10 | 16 – 7 = 9

17 - 6 | 17 - 7 | 17 - 8

17 – 6 = 11 | 17 – 7 = 10 | 17 – 8 = 9

77

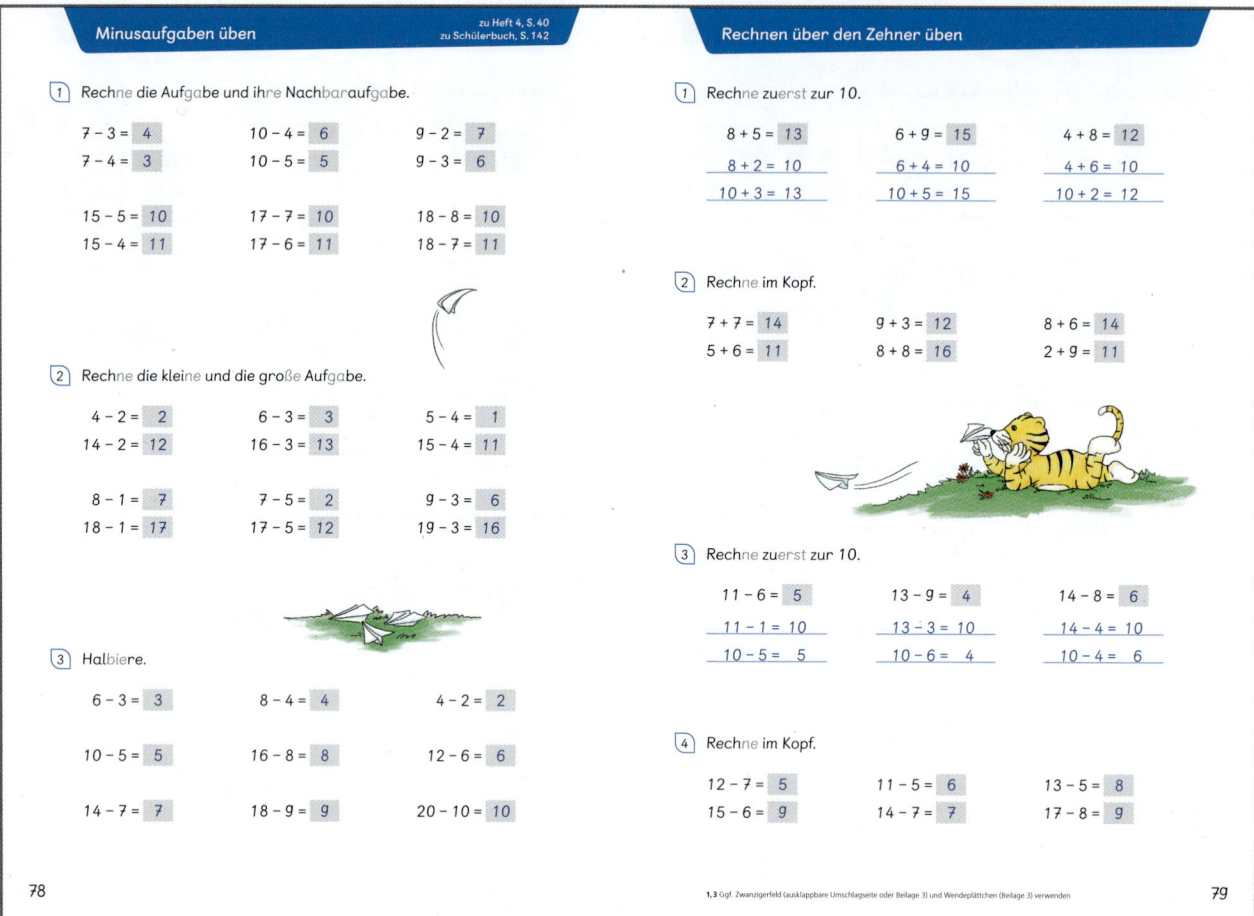

Minusaufgaben üben

zu Heft 4, S. 40
zu Schülerbuch, S. 142

1 Rechne die Aufgabe und ihre Nachbaraufgabe.

7 – 3 = 4   10 – 4 = 6   9 – 2 = 7
7 – 4 = 3   10 – 5 = 5   9 – 3 = 6

15 – 5 = 10   17 – 7 = 10   18 – 8 = 10
15 – 4 = 11   17 – 6 = 11   18 – 7 = 11

2 Rechne die kleine und die große Aufgabe.

4 – 2 = 2   6 – 3 = 3   5 – 4 = 1
14 – 2 = 12   16 – 3 = 13   15 – 4 = 11

8 – 1 = 7   7 – 5 = 2   9 – 3 = 6
18 – 1 = 17   17 – 5 = 12   19 – 3 = 16

3 Halbiere.

6 – 3 = 3   8 – 4 = 4   4 – 2 = 2

10 – 5 = 5   16 – 8 = 8   12 – 6 = 6

14 – 7 = 7   18 – 9 = 9   20 – 10 = 10

Rechnen über den Zehner üben

1 Rechne zuerst zur 10.

8 + 5 = 13   6 + 9 = 15   4 + 8 = 12
 8 + 2 = 10   6 + 4 = 10   4 + 6 = 10
10 + 3 = 13   10 + 5 = 15   10 + 2 = 12

2 Rechne im Kopf.

7 + 7 = 14   9 + 3 = 12   8 + 6 = 14
5 + 6 = 11   8 + 8 = 16   2 + 9 = 11

3 Rechne zuerst zur 10.

11 – 6 = 5   13 – 9 = 4   14 – 8 = 6
 11 – 1 = 10   13 – 3 = 10   14 – 4 = 10
10 – 5 = 5   10 – 6 = 4   10 – 4 = 6

4 Rechne im Kopf.

12 – 7 = 5   11 – 5 = 6   13 – 5 = 8
15 – 6 = 9   14 – 7 = 7   17 – 8 = 9

1,3 Ggf. Zwanzigerfeld (ausklappbare Umschlagseite oder Beilage 3) und Wendeplättchen (Beilage 3) verwenden

Plus- und Minusaufgaben üben

Rechne. Male die Felder mit den Lösungszahlen an.

4 + 3 = 7   16 + 1 = 17   4 + 7 = 11
1 + 2 = 3   11 + 7 = 18   9 + 5 = 14
5 + 4 = 9   13 + 2 = 15   7 + 6 = 13

4 – 2 = 2   19 – 9 = 10   12 – 4 = 8
8 – 3 = 5   20 – 4 = 16   11 – 10 = 1
9 – 5 = 4   15 – 3 = 12   14 – 8 = 6

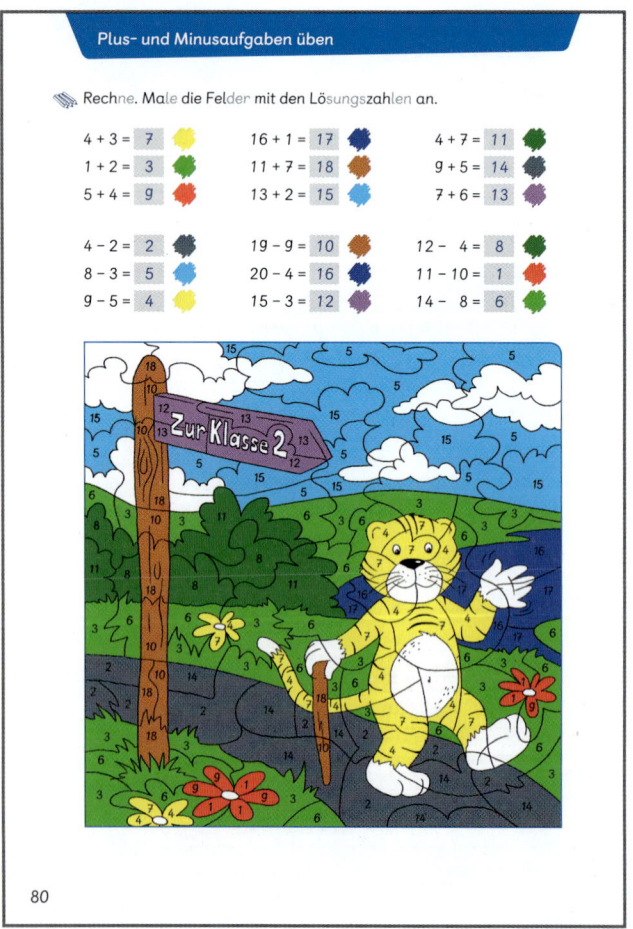

Ergänze die Rechendreiecke.

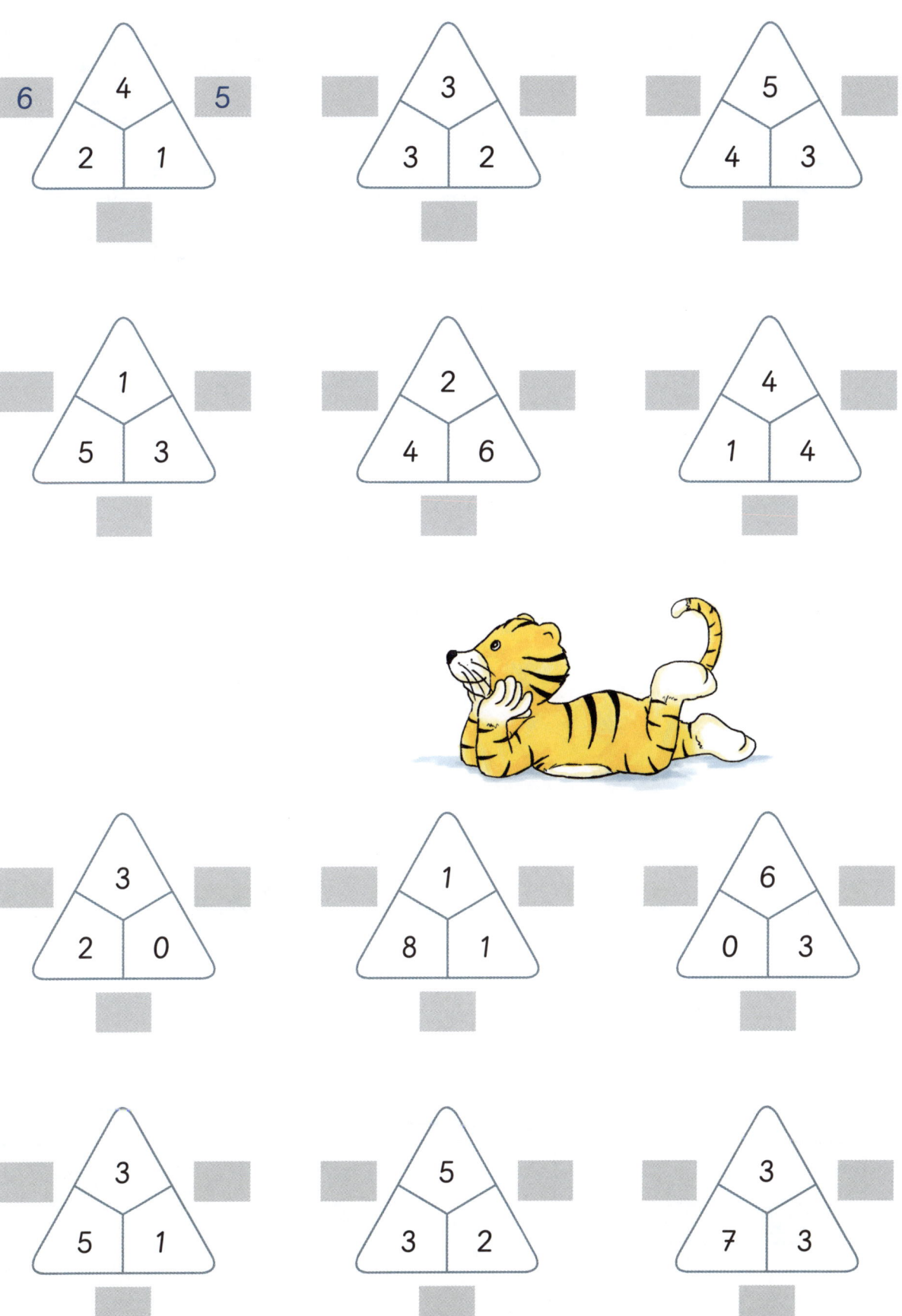

1 Spure nach und schreibe.

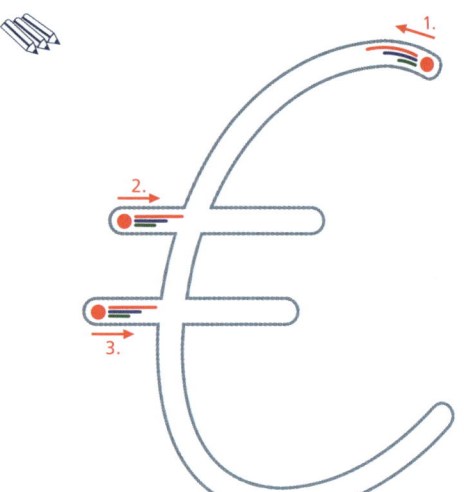

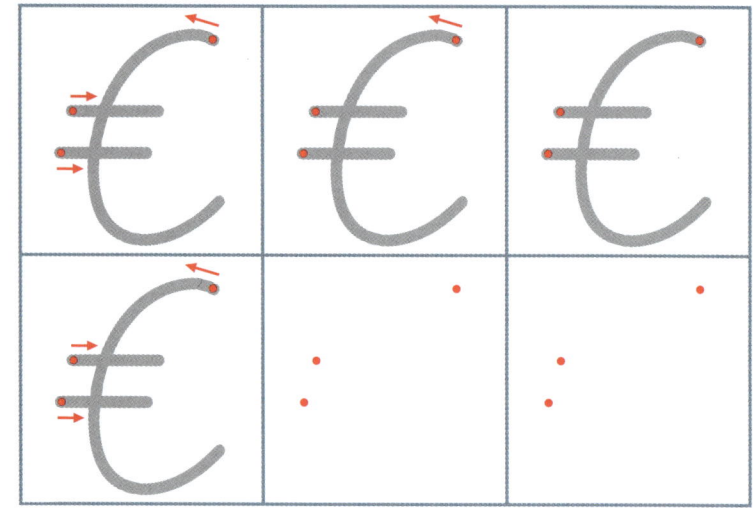

2 Ordne zu.

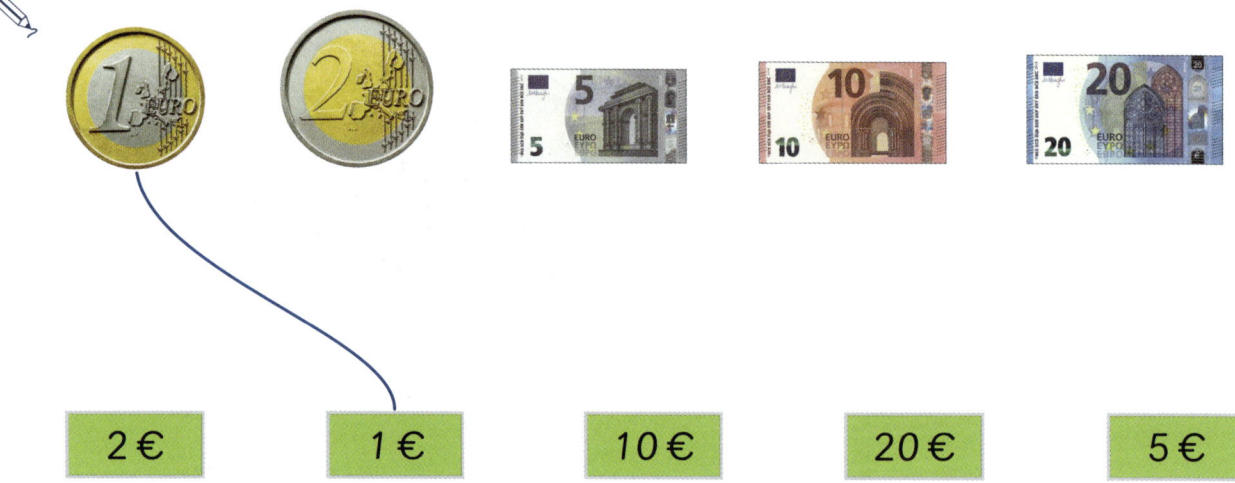

| 2 € | 1 € | 10 € | 20 € | 5 € |

3 Wie viel Euro sind es? Lege nach und rechne.

☐ €

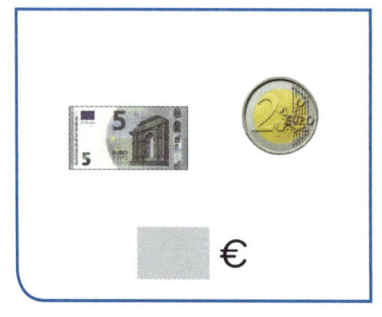

☐ €

☐ €

1 Euro-Zeichen mit mehreren Farben nachspuren und schreiben
3 Spielgeld (Beilage 5) verwenden

1 Ordne zu.

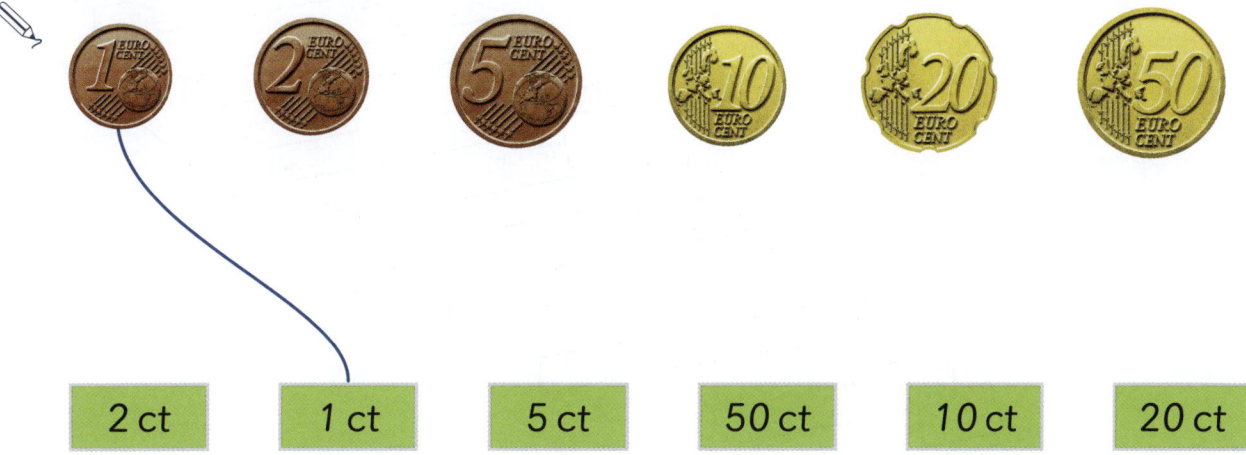

| 2 ct | 1 ct | 5 ct | 50 ct | 10 ct | 20 ct |

2 Wie viel Cent sind es? Lege nach und rechne.

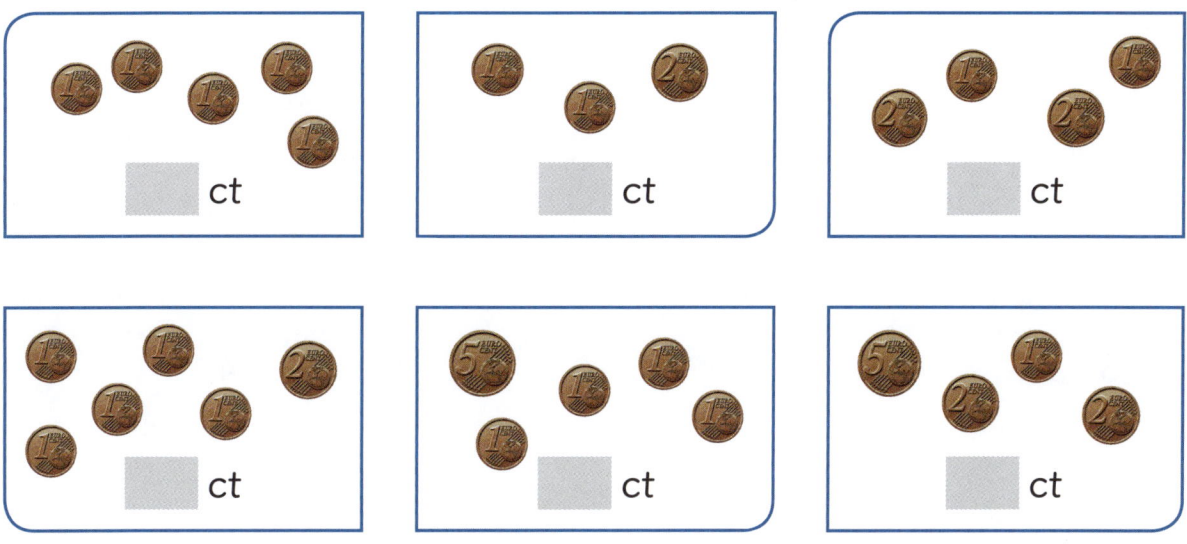

ct　　ct　　ct

ct　　ct　　ct

3 Lege und male.

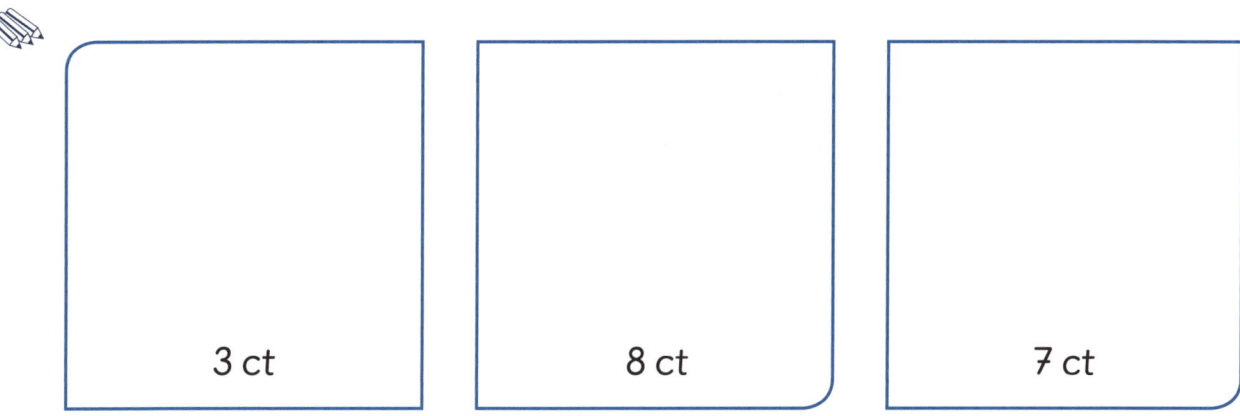

3 ct　　8 ct　　7 ct

Hüpfe Aufgabe und Umkehraufgabe mit einem Spielstein auf der Treppe. Schreibe auf und löse.

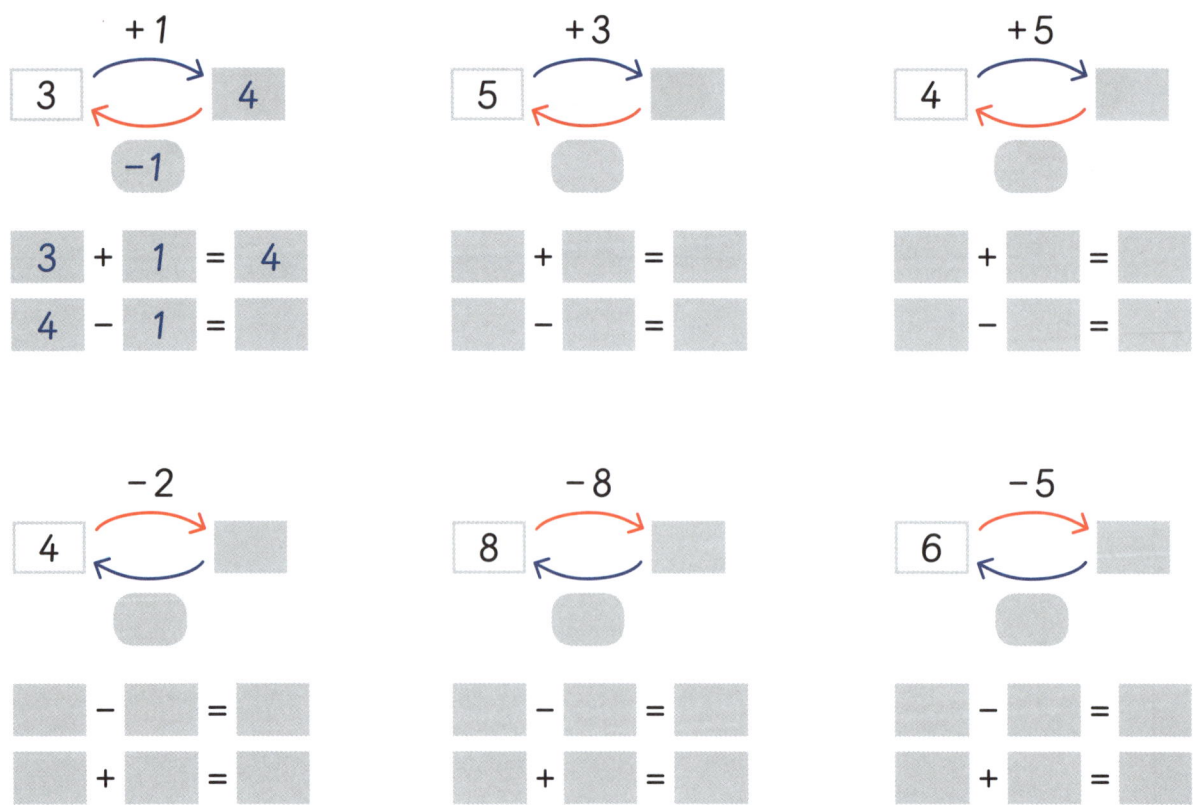

+1

3   4

−1

3 + 1 = 4
4 − 1 =

+3

5

+5

4

−2

4

−8

8

−5

6

1 Schreibe 4 Aufgaben.

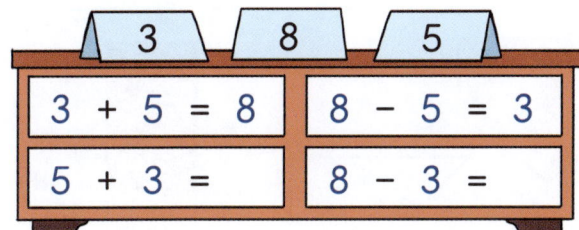

3	8	5
3 + 5 = 8	8 – 5 = 3
5 + 3 =	8 – 3 =

2	3	1
2 + 1 =	3 – 1 =
1 + =	3 – =

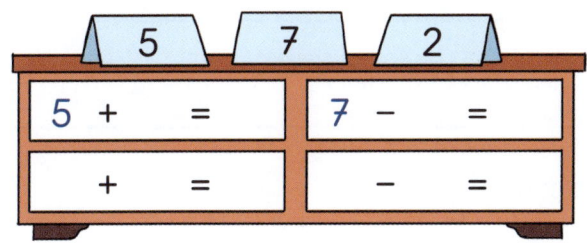

5	7	2
5 + =	7 – =
+ =	– =

8	9	1
+ =	– =
+ =	– =

2 Schreibe 4 Aufgaben.

2 6 4

2 + 4 =
4 + =
6 – =
6 – =

1 4 3

+ =
+ =
– =
– =

3 6 3

+ =
+ =
– =
– =

2 9 7

+ =
+ =
– =
– =

1, 2 Zu drei Zahlen jeweils zwei Plusaufgaben (Tauschaufgaben) und zwei Minusaufgaben (Umkehraufgaben) aufschreiben

Kreis, Dreieck, Viereck

Immer zwei Teile passen zusammen. Male sie in der gleichen Farbe an.

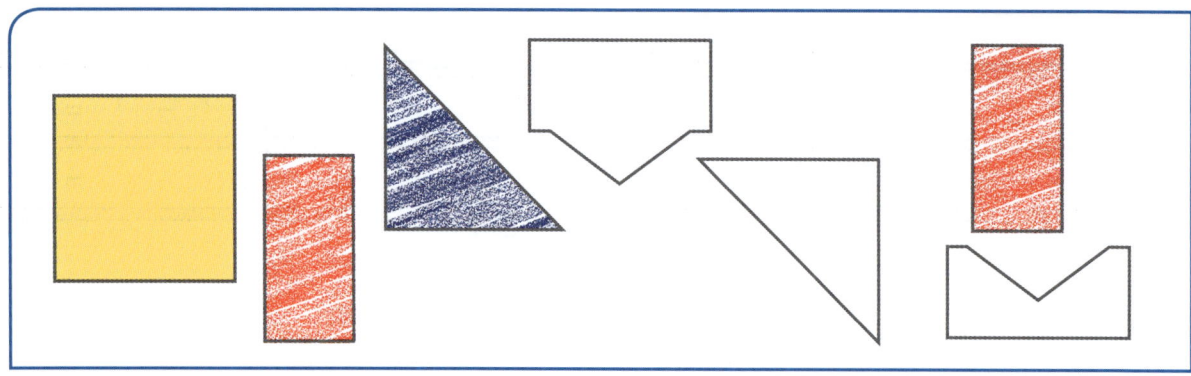

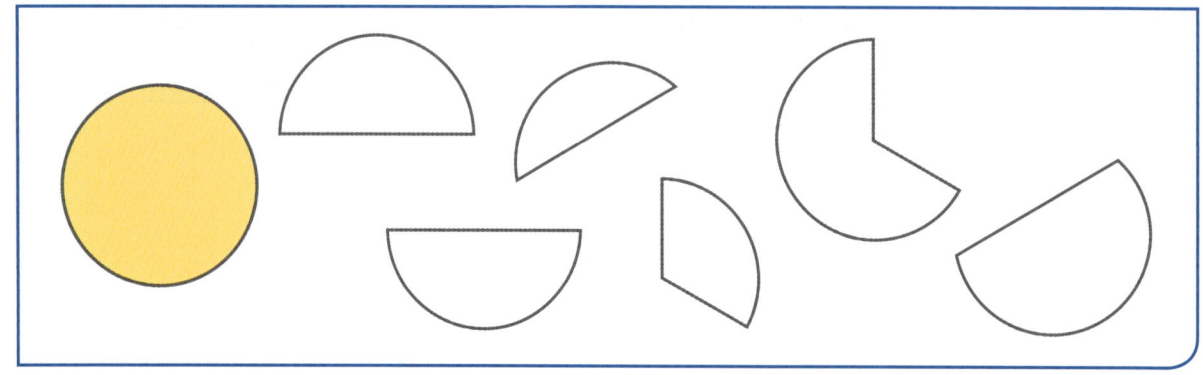

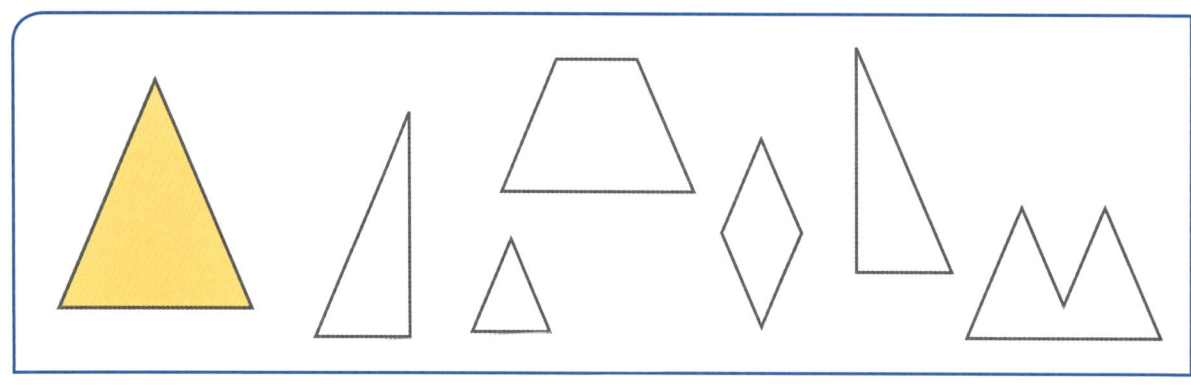

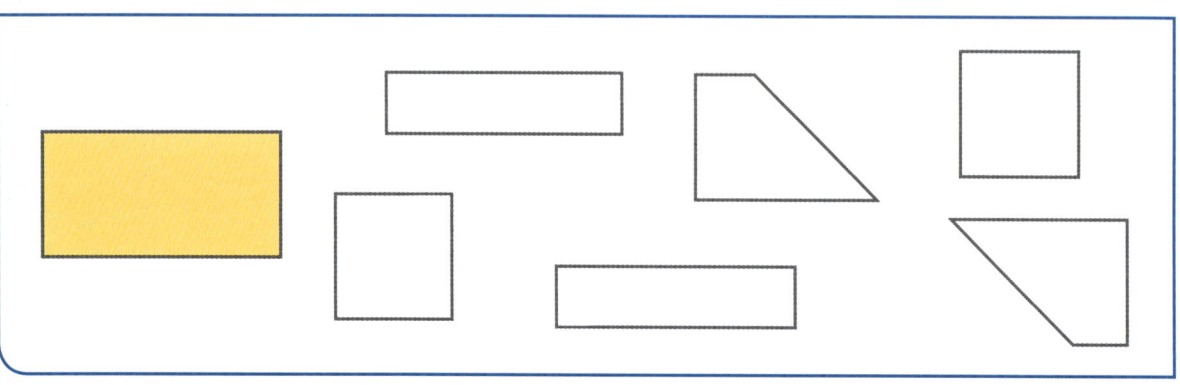

Rechenmauern

1 Löse die Rechenmauern.

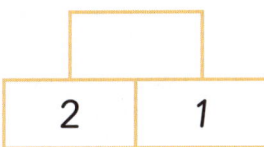

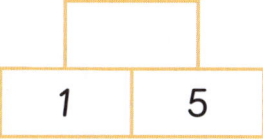

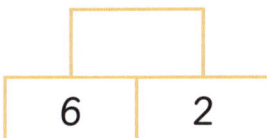

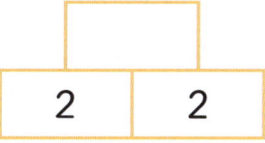

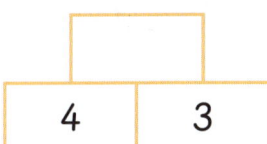
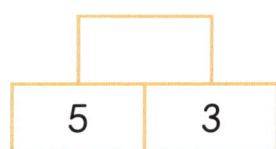
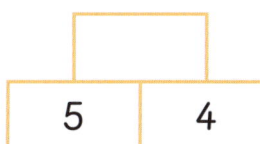

2 Löse die Rechenmauern.

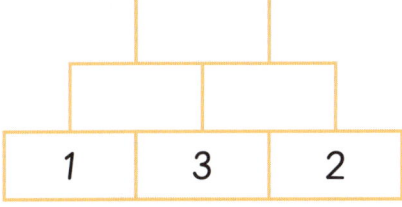
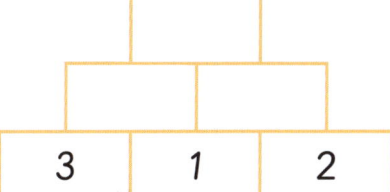

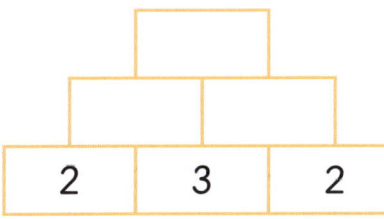

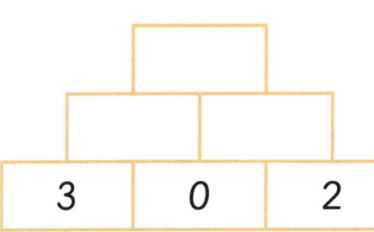

Fülle die Kartons. Wie viele Eier sind es?

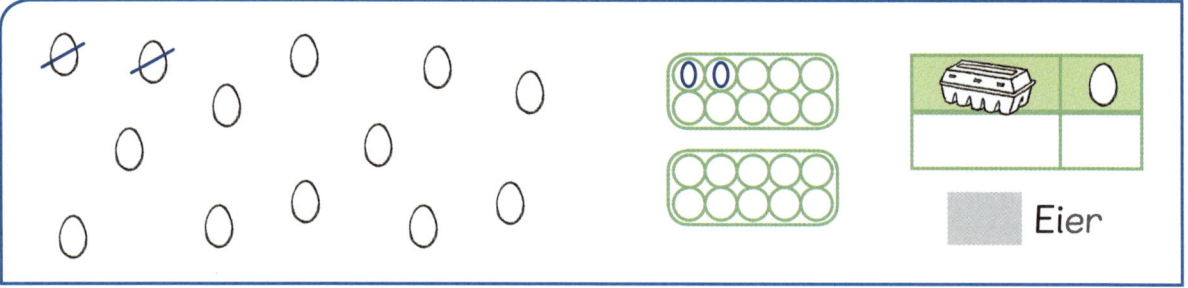

Eier

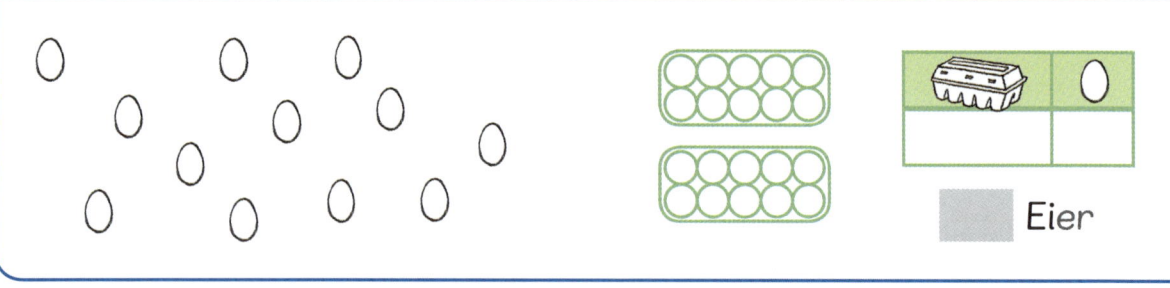

Eier

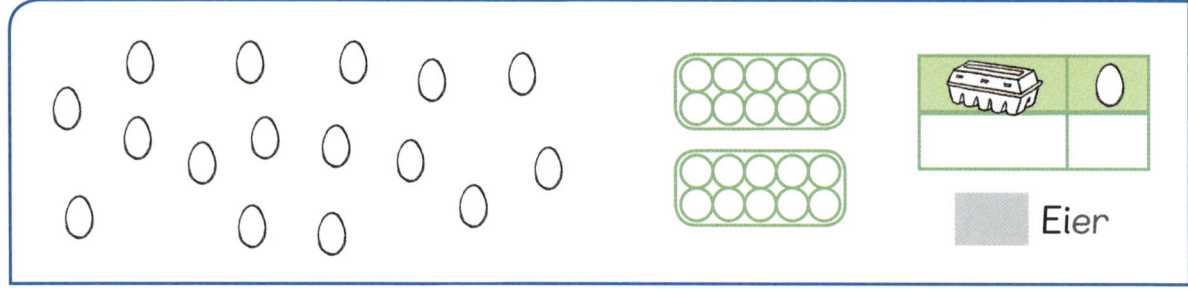

Eier

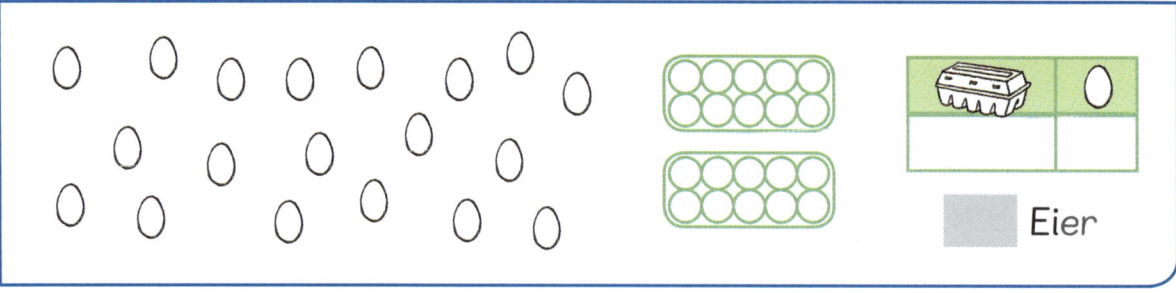

Eier

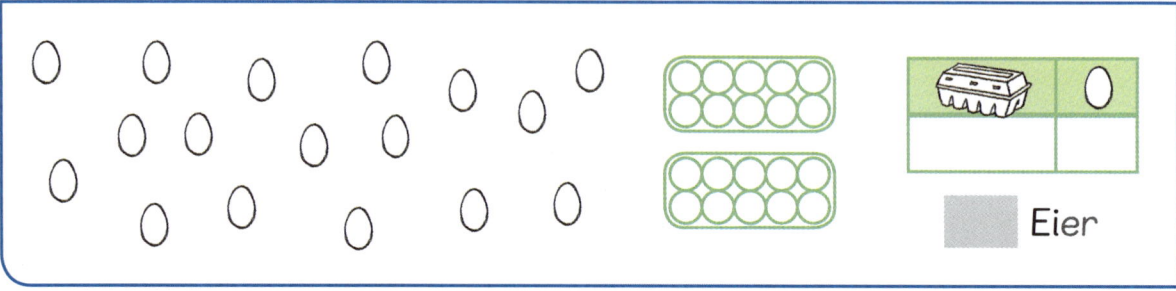

Eier

Immer 10 Eier in eine Schachtel malen. Anzahl der vollen Schachteln und der einzelnen Eier in Tabelle eintragen, Gesamtanzahl aufschreiben

Wie viele sind es? Kreise immer erst 10 ein.

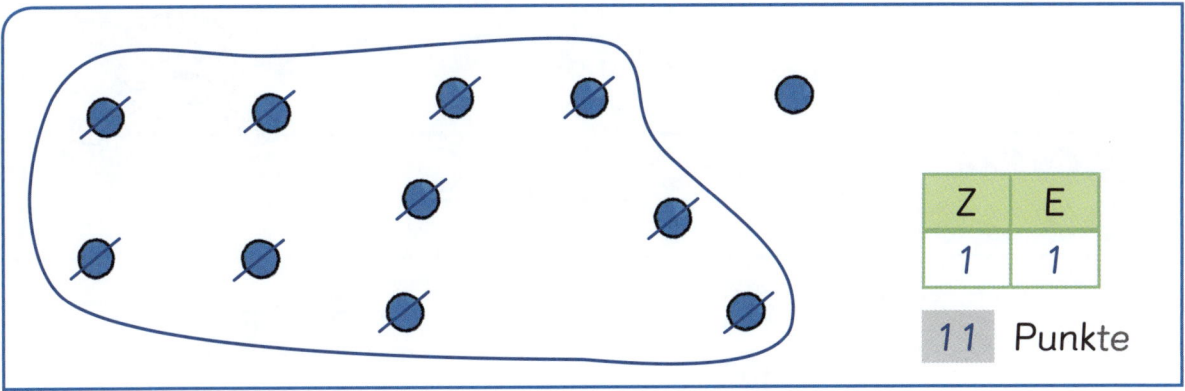

Z	E
1	1

11 Punkte

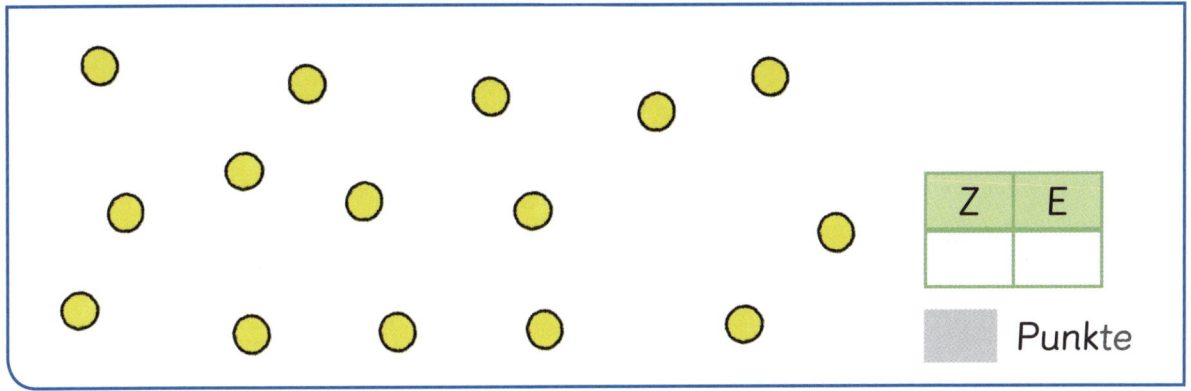

Z	E

☐ Punkte

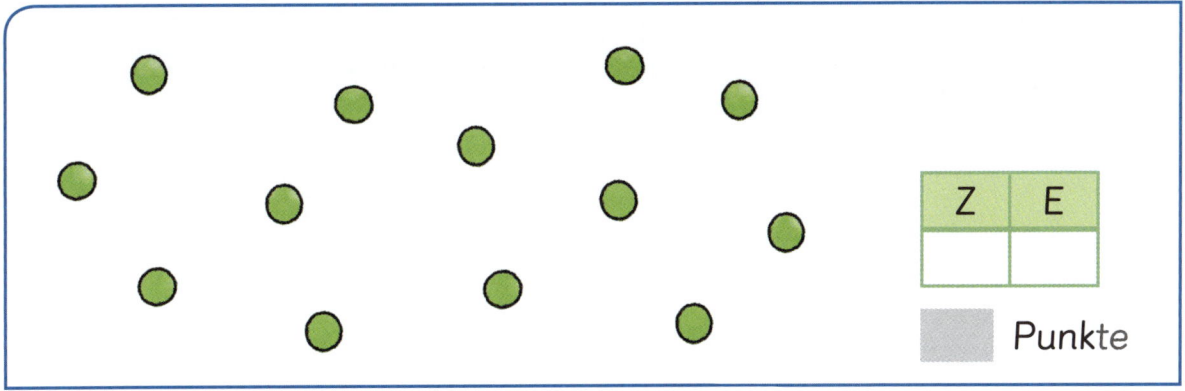

Z	E

☐ Punkte

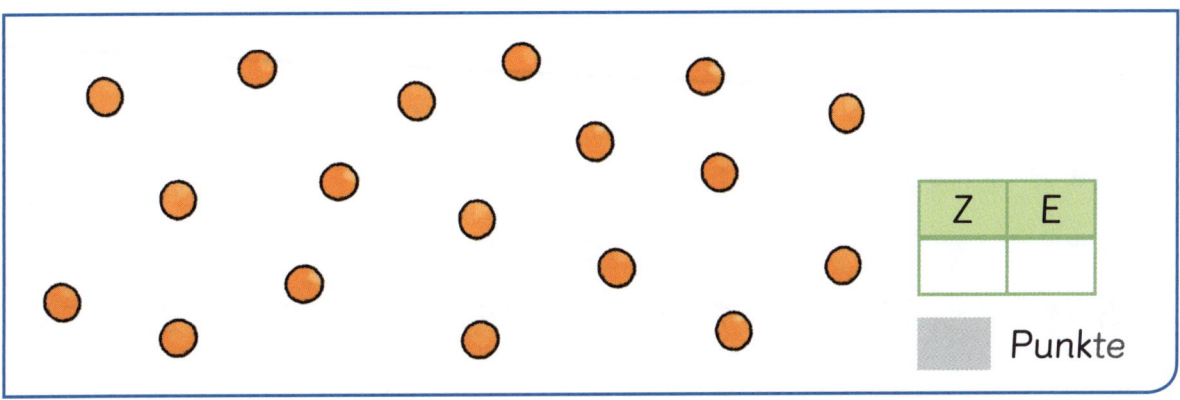

Z	E

☐ Punkte

1 Lege, male und schreibe.

Zehner rot,
Einer blau

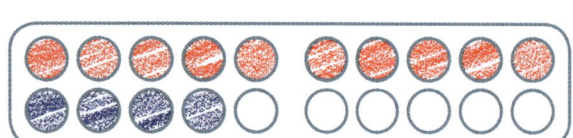

Z	E
1	4

14

Z	E
1	6

Z	E
1	1

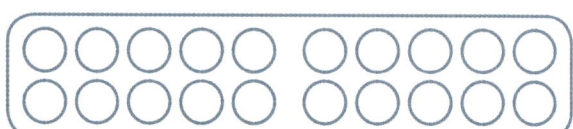

Z	E
1	9

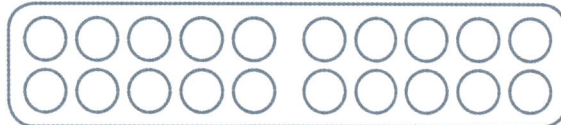

Z	E
1	5

Z	E
2	0

2 Wandle um.

12 = ⬛ 1 Z ⬛ 2 E   13 = ⬛ Z ⬛ E   18 = ⬛ Z ⬛ E

14 = ⬛ Z ⬛ E   17 = ⬛ Z ⬛ E   10 = ⬛ Z ⬛ E

15 = ⬛ Z ⬛ E   11 = ⬛ Z ⬛ E   20 = ⬛ Z ⬛ E

1 Zwanzigerfeld (ausklappbare Umschlagseite oder Beilage 3) und Wendeplättchen (Beilage 3) verwenden

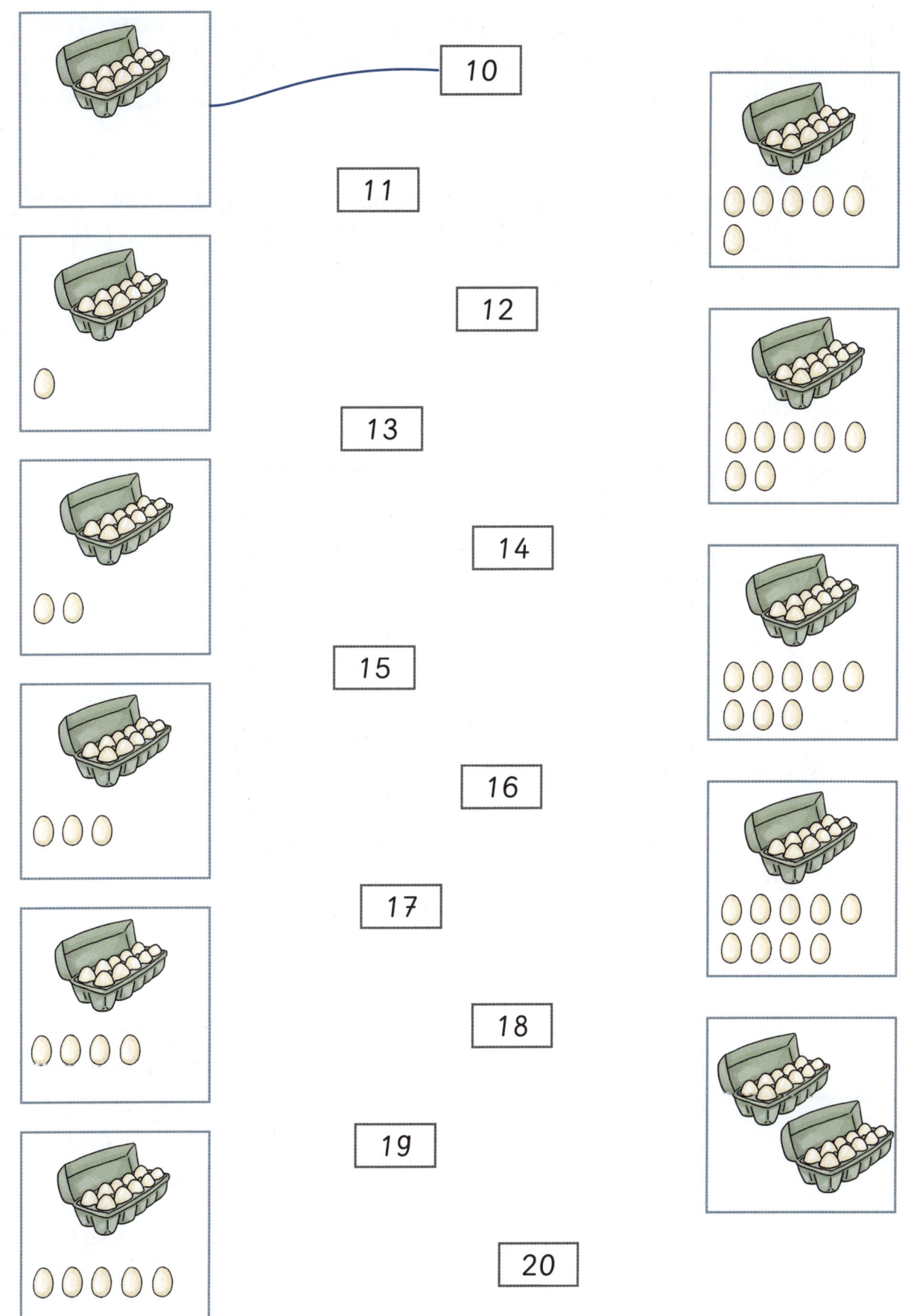

Die Zahlen bis 20

✎ Verbinde mit der richtigen Zahl.

1 Trage die fehlenden Zahlen ein.

2 Trage die fehlenden Zahlen ein.

3 Verbinde die Punkte.
Beginne bei 0.

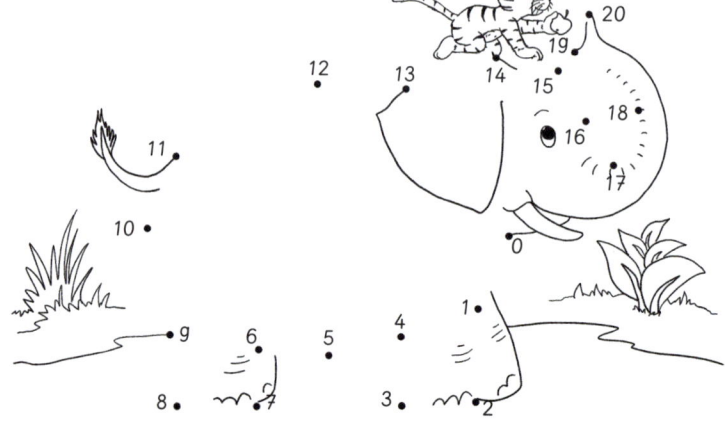

1, 2 Fehlende Zahlen eintragen, Analogie beachten

1 | Trage Vorgänger und Nachfolger ein.

Vorgänger	Zahl	Nachfolger
6	7	8

Vorgänger	Zahl	Nachfolger
	9	

Vorgänger	Zahl	Nachfolger
	10	

Vorgänger	Zahl	Nachfolger
	14	

Vorgänger	Zahl	Nachfolger
	18	

Vorgänger	Zahl	Nachfolger
	19	

2 | Trage Vorgänger und Nachfolger ein.

V	Zahl	N
2	3	4
	4	
	8	

V	Zahl	N
	12	
	15	
	17	

V	Zahl	N
	2	
	5	
	14	

V	Zahl	N
	6	
	11	
	13	

Zahlen ordnen

1 Ordne die Zahlen. Beginne mit der kleinsten Zahl.

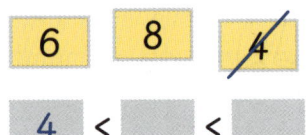

| 6 | 8 | 4̸ | | 10 | 7 | 0 |

4 < ▢ < ▢   ▢ < ▢ < ▢

| 20 | 14 | 17 | 11 | | 12 | 18 | 3 | 8 |

▢ < ▢ < ▢ < ▢   ▢ < ▢ < ▢ < ▢

2 Ordne die Zahlen. Beginne mit der größten Zahl.

| 5 | 7̸ | 2 | | 16 | 19 | 17 |

7 > ▢ > ▢   ▢ > ▢ > ▢

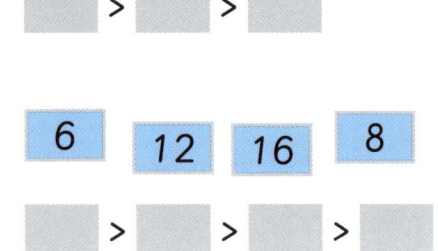

| 15 | 10 | 13 | 18 | | 6 | 12 | 16 | 8 |

▢ > ▢ > ▢ > ▢   ▢ > ▢ > ▢ > ▢

3 Ordne die Zahlen. Achte auf die Zeichen > und <.

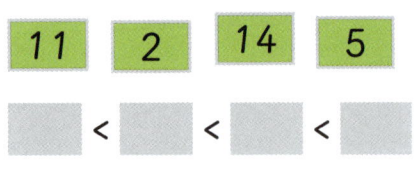

| 11 | 2 | 14 | 5 | | 4 | 17 | 20 | 9 |

▢ < ▢ < ▢ < ▢   ▢ > ▢ > ▢ > ▢

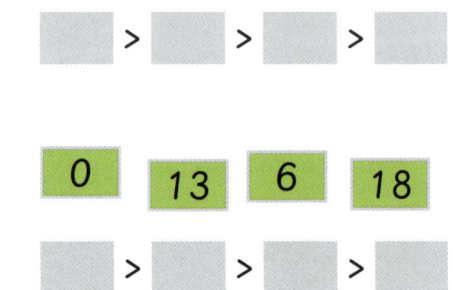

| 8 | 15 | 3 | 7 | | 0 | 13 | 6 | 18 |

▢ < ▢ < ▢ < ▢   ▢ > ▢ > ▢ > ▢

Der Zahlenstrahl

1 Trage die fehlenden Zahlen ein.

0 1   3 4   6 7   9 10 11   13   15 16   18   20

2

1 2   5 6 7 8 9 10   12 13 14   16 17   19

2 Trage die fehlenden Zahlen ein.

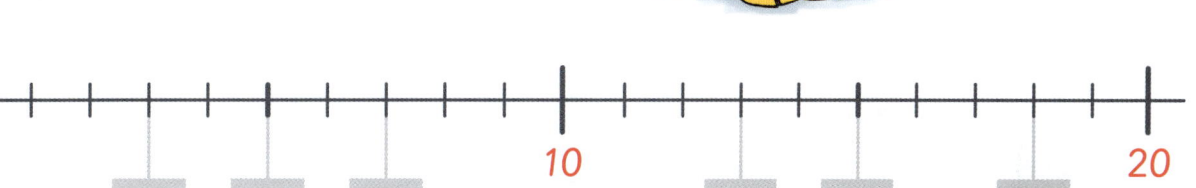

0   10   20

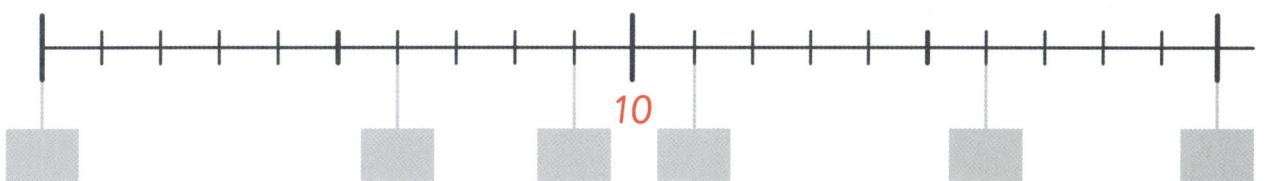

10

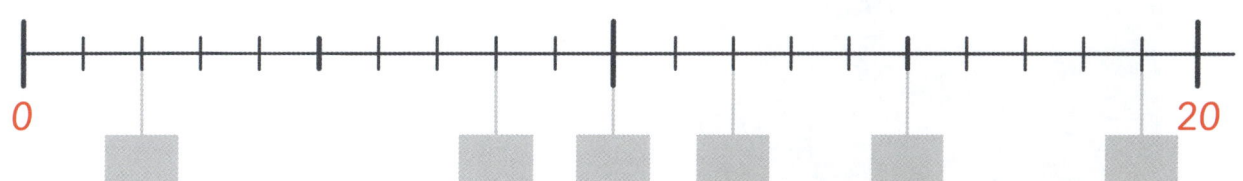

0   20

55

Ergänze die Muster spiegelbildlich. Überprüfe mit dem Spiegel.

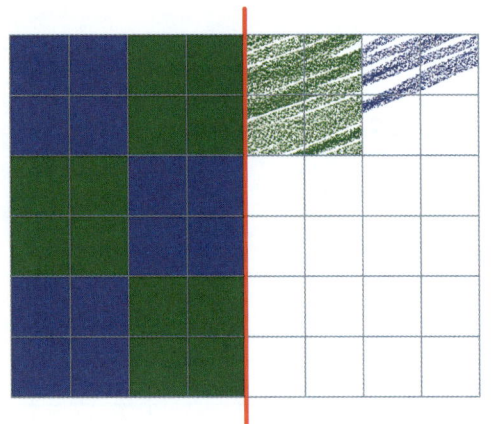

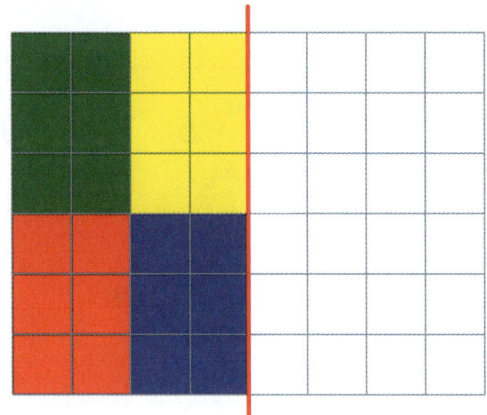

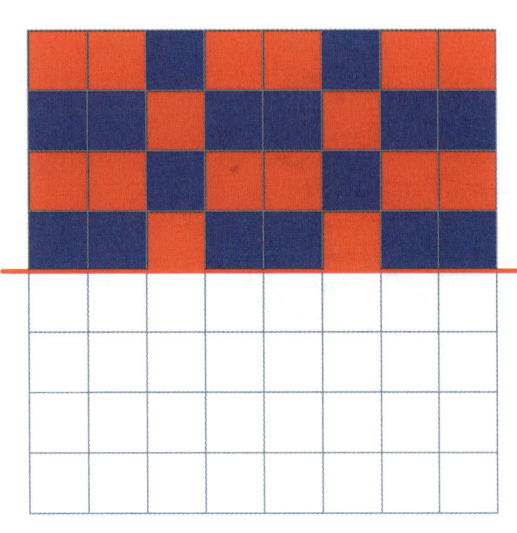

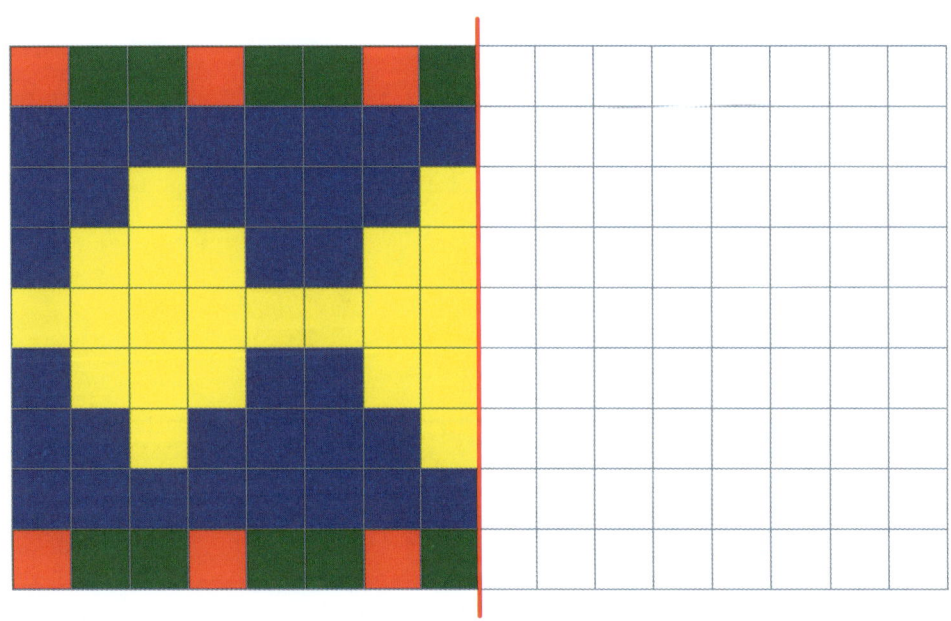

Verdoppeln mit dem Spiegel

✏️ Verdopple. Überprüfe mit dem Spiegel.

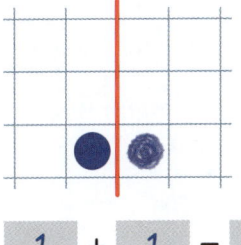

1 + 1 = ☐

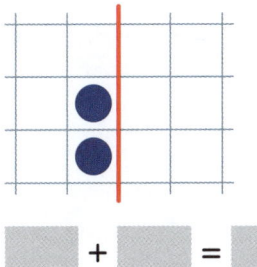

☐ + ☐ = ☐

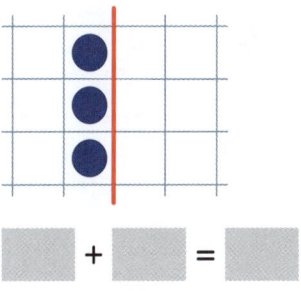

☐ + ☐ = ☐

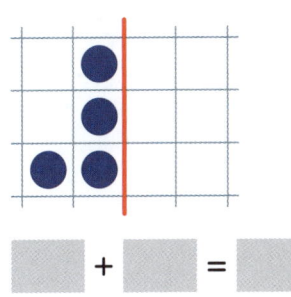

☐ + ☐ = ☐

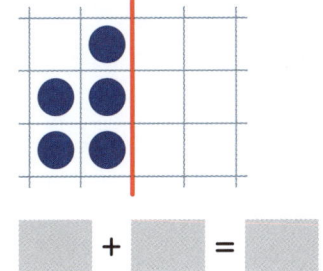

☐ + ☐ = ☐

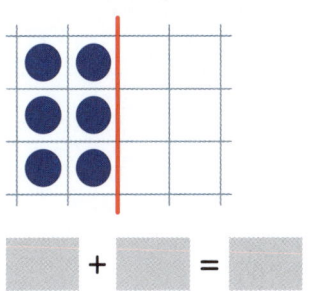

☐ + ☐ = ☐

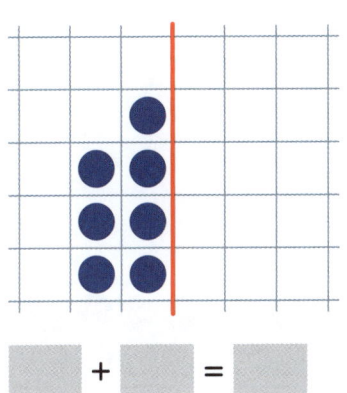

☐ + ☐ = ☐

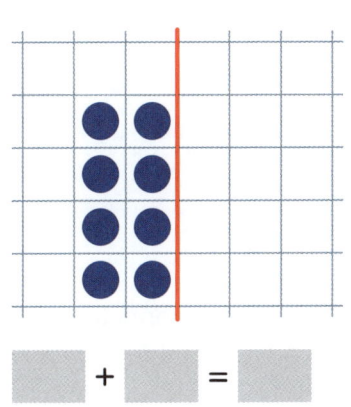

☐ + ☐ = ☐

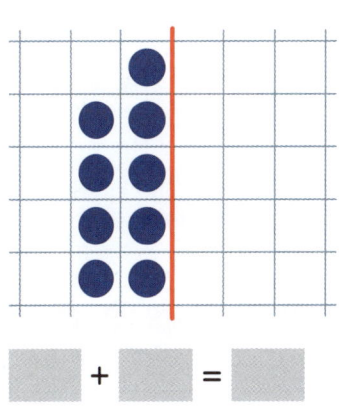

☐ + ☐ = ☐

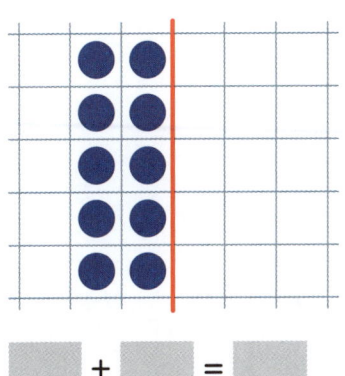

☐ + ☐ = ☐

Spiegelbild ergänzen; Verdopplungsaufgabe aufschreiben und mit dem Spiegel überprüfen

1 Lege, verdopple und male.

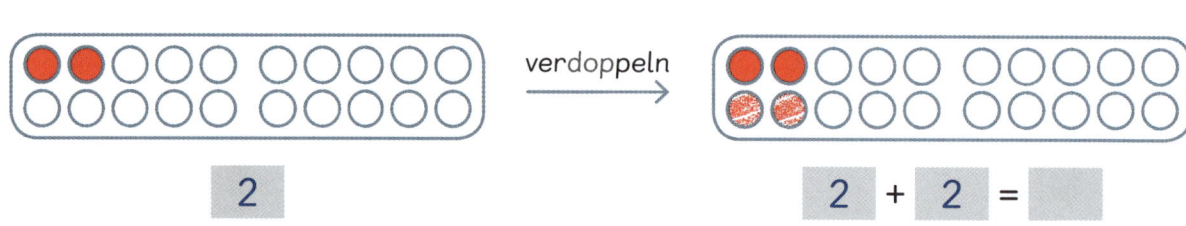

$$2$$

verdoppeln

$$2 \; + \; 2 \; = \;$$

verdoppeln

$$\boxed{} + \boxed{} = \boxed{}$$

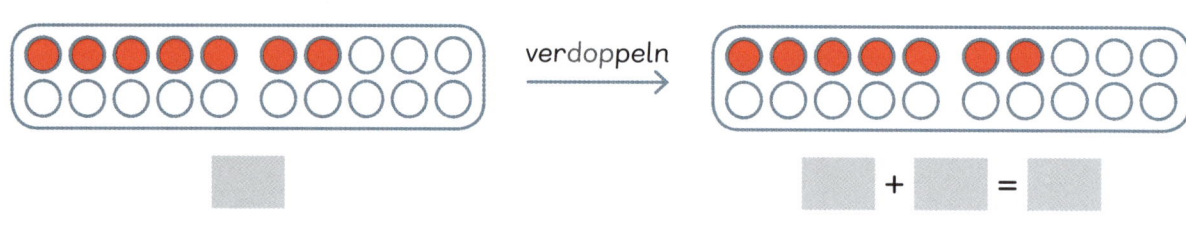

verdoppeln

$$\boxed{} + \boxed{} = \boxed{}$$

verdoppeln

$$\boxed{} + \boxed{} = \boxed{}$$

2 Lege und verdopple.

Zahl	1	2	3	4	5	6	7	8	9	10
das Doppelte	2	4								

1 Lege, halbiere und male.

4

halbieren →

4 − 2 =

☐

halbieren →

☐ − ☐ = ☐

☐

halbieren →

☐ − ☐ = ☐

☐

halbieren →

☐ − ☐ = ☐

2 Lege und halbiere.

Zahl	2	4	6	8	10	12	14	16	18	20
die Hälfte	1	2								

1 Rechne die kleine Aufgabe zuerst. Decke dazu den Zehner ab.

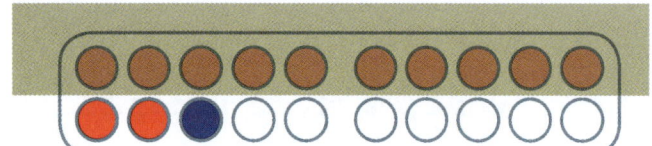

12 + 1 = ☐

2 + 1 = 3

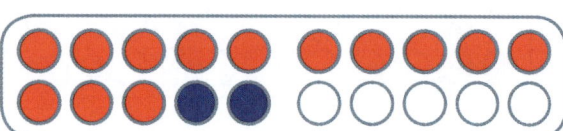

13 + ☐ = ☐

3 + 2 = ☐

☐ + ☐ = ☐

☐ + ☐ = ☐

☐ + ☐ = ☐

☐ + ☐ = ☐

☐ + ☐ = ☐

☐ + ☐ = ☐

☐ + ☐ = ☐

☐ + ☐ = ☐

2 Lege. Rechne die kleine Aufgabe zuerst.

13 + 4 = ☐

3 + 4 = ☐

11 + 7 = ☐

1 + ☐ = ☐

16 + 3 = ☐

☐ + ☐ = ☐

17 + 1 = ☐

☐ + ☐ = ☐

15 + 2 = ☐

☐ + ☐ = ☐

14 + 6 = ☐

☐ + ☐ = ☐

1 Kleine Plusaufgabe durch Abdecken des oberen Zehners finden und lösen, dann große Aufgabe lösen
2 Große Plusaufgabe legen, dann zuerst kleine Aufgabe durch Abdecken finden und lösen
→ Zwanzigerfeld (ausklappbare Umschlagseite oder Beilage 3) und Wendeplättchen (Beilage 3) verwenden

1 Rechne die kleine Aufgabe zuerst. Decke dazu den Zehner ab.

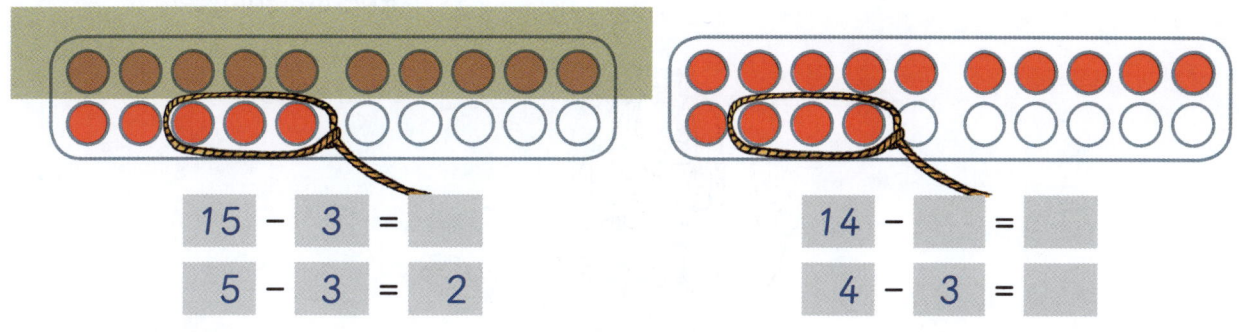

15 − 3 = ☐
5 − 3 = 2

14 − ☐ = ☐
4 − 3 = ☐

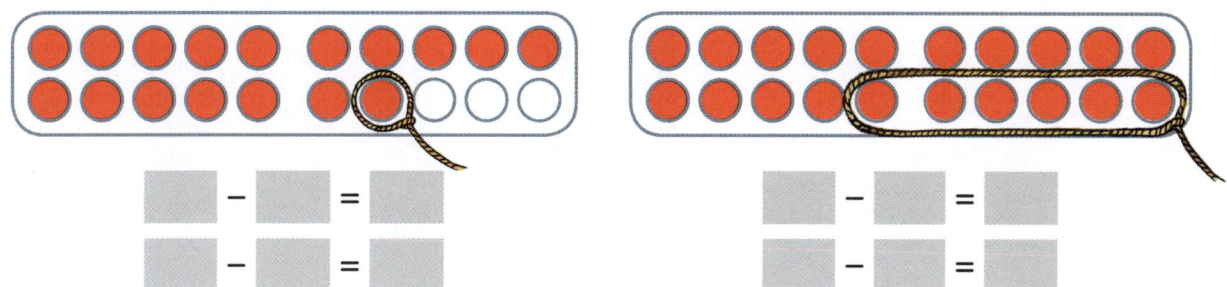

☐ − ☐ = ☐
☐ − ☐ = ☐

☐ − ☐ = ☐
☐ − ☐ = ☐

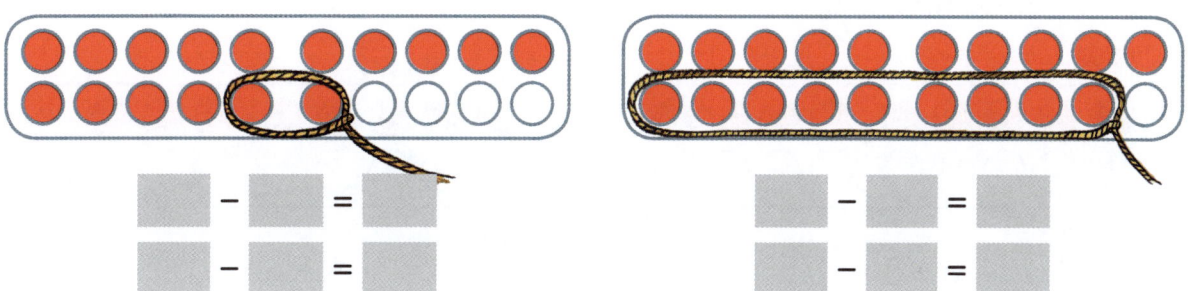

☐ − ☐ = ☐
☐ − ☐ = ☐

☐ − ☐ = ☐
☐ − ☐ = ☐

2 Lege. Rechne die kleine Aufgabe zuerst.

18 − 2 = ☐
8 − 2 = ☐

13 − 1 = ☐
3 − 1 = ☐

15 − 4 = ☐
☐ − ☐ = ☐

17 − 5 = ☐
☐ − ☐ = ☐

16 − 3 = ☐
☐ − ☐ = ☐

19 − 6 = ☐
☐ − ☐ = ☐

1 Kleine Minusaufgabe durch Abdecken des oberen Zehners finden und lösen, dann große Aufgabe lösen
2 Große Minusaufgabe legen, dann zuerst kleine Aufgabe durch Abdecken finden und lösen
→ Zwanzigerfeld (ausklappbare Umschlagseite oder Beilage 3) und Wendeplättchen (Beilage 3) verwenden

Rechne zuerst zur 10 und dann weiter.

Lege, male und rechne.

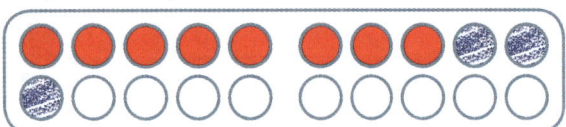

8 + 3 = ▢

8 + 2 = 10

10 + 1 =

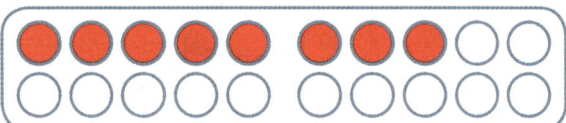

8 + 4 = ▢

_____

_____

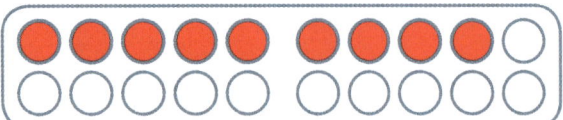

9 + 5 = ▢

_____

_____

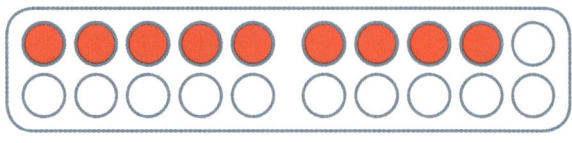

9 + 2 = ▢

_____

_____

Zuerst zur 10, dann weiter. Lege, male und rechne.

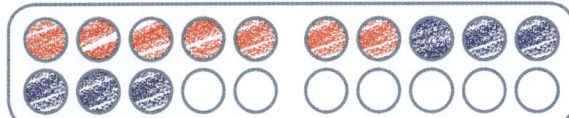

$7 + 6 =$

$7 + 3 = 10$

$10 +$

$7 + 7 =$

_____

_____

$6 + 5 =$

_____

_____

$6 + 9 =$

_____

_____

$5 + 7 =$

_____

_____

$5 + 6 =$

_____

_____

$4 + 9 =$

_____

_____

$4 + 8 =$

_____

_____

1 Lege und rechne.

$9 + 4 =$ ☐ $9 + 6 =$ ☐ $9 + 8 =$ ☐

$\underline{9 + 1 =}$ $\underline{9 +}$ _____

$\underline{10 +}$ $\underline{10 +}$ _____

$7 + 5 =$ ☐ $7 + 8 =$ ☐ $7 + 9 =$ ☐

_____   _____   _____

_____   _____   _____

$8 + 6 =$ ☐ $8 + 9 =$ ☐ $8 + 7 =$ ☐

_____   _____   _____

_____   _____   _____

2 Rechne.

$8 + 5 =$ ☐ $9 + 2 =$ ☐ $7 + 6 =$ ☐

_____   _____   _____

_____   _____   _____

$6 + 9 =$ ☐ $8 + 8 =$ ☐ $5 + 7 =$ ☐

_____   _____   _____

_____   _____   _____

1 Zwanzigerfeld (ausklappbare Umschlagseite oder Beilage 3) und Wendeplättchen (Beilage 3) verwenden

Rechne zuerst
zur 10 und
dann weiter.

✏️ Lege, male und rechne.

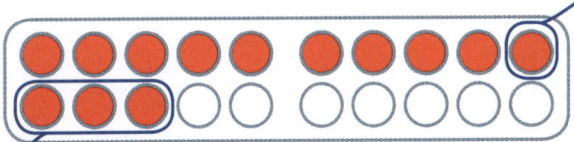

$13 - 4 = \boxed{}$

$\underline{13 - 3 = 10}$

$\underline{10 - 1 =}$

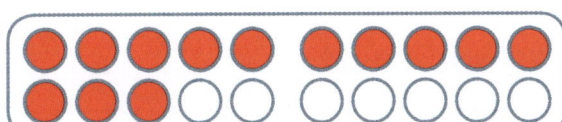

$13 - 6 = \boxed{}$

_____

_____

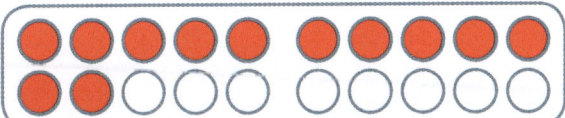

$12 - 5 = \boxed{}$

_____

_____

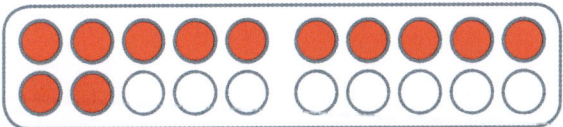

$12 - 3 = \boxed{}$

_____

_____

Zuerst zur 10, dann weiter. Lege, male und rechne.

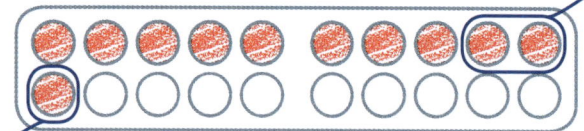

11 − 3 = ☐

11 − 1 = 10

10 −

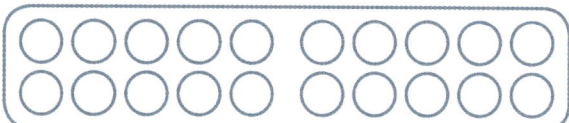

11 − 6 = ☐

_____

_____

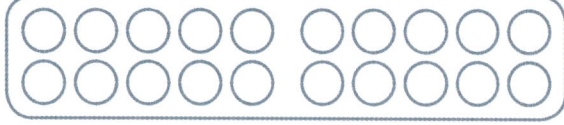

14 − 5 = ☐

_____

_____

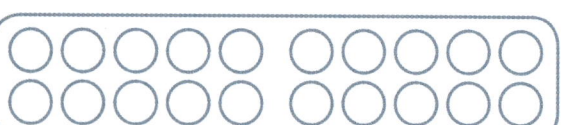

14 − 9 = ☐

_____

_____

15 − 8 = ☐

_____

_____

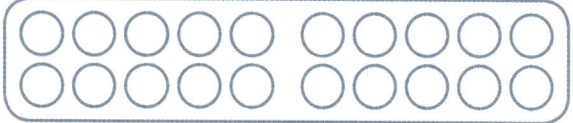

15 − 7 = ☐

_____

_____

17 − 9 = ☐

_____

_____

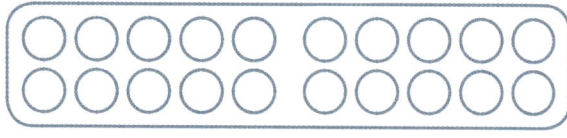

17 − 8 = ☐

_____

_____

Zwanzigerfeld (ausklappbare Umschlagseite oder Beilage 3) und Wendeplättchen (Beilage 3) verwenden

1 Lege und rechne.

12 – 4 = ☐   12 – 6 = ☐   12 – 9 = ☐

 12 – 2 = ___   12 – ___   ___

 10 – ___   10 – ___   ___

16 – 7 = ☐   16 – 9 = ☐   16 – 10 = ☐

___   ___   ___

___   ___   ___

13 – 8 = ☐   13 – 7 = ☐   13 – 5 = ☐

___   ___   ___

___   ___   ___

2 Rechne.

16 – 8 = ☐   15 – 6 = ☐   11 – 8 = ☐

___   ___   ___

___   ___   ___

14 – 6 = ☐   12 – 7 = ☐   18 – 9 = ☐

___   ___   ___

___   ___   ___

0+0	0+1	0+2	0+3	0+4	0+5	0+6	0+7	0+8	0+9	0+10
1+0	1+1	1+2	1+3	1+4	1+5	1+6	1+7	1+8	1+9	1+10
2+0	2+1	2+2	2+3	2+4	2+5	2+6	2+7	2+8	2+9	2+10
3+0	3+1	3+2	3+3	3+4	3+5	3+6	3+7	3+8	3+9	3+10
4+0	4+1	4+2	4+3	4+4	4+5	4+6	4+7	4+8	4+9	4+10
5+0	5+1	5+2	5+3	5+4	5+5	5+6	5+7	5+8	5+9	5+10
6+0	6+1	6+2	6+3	6+4	6+5	6+6	6+7	6+8	6+9	6+10
7+0	7+1	7+2	7+3	7+4	7+5	7+6	7+7	7+8	7+9	7+10
8+0	8+1	8+2	8+3	8+4	8+5	8+6	8+7	8+8	8+9	8+10
9+0	9+1	9+2	9+3	9+4	9+5	9+6	9+7	9+8	9+9	9+10
10+0	10+1	10+2	10+3	10+4	10+5	10+6	10+7	10+8	10+9	10+10

✏️ Finde die Aufgaben in der Einspluseinstafel. Male und rechne.

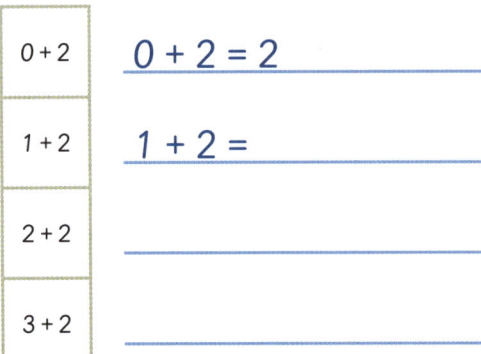

0 + 2	0 + 2 = 2
1 + 2	1 + 2 =
2 + 2	
3 + 2	

7 + 7	
8 + 7	
9 + 7	
10 + 7	

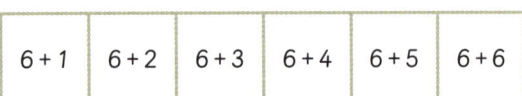

6 + 1	6 + 2	6 + 3	6 + 4	6 + 5	6 + 6

6 + 1 _____   _____   _____

_____   _____   _____

1   Rechne zuerst die ■-Aufgabe, dann die beiden Nachbaraufgaben.

2 + 3		+		=	
3 + 3	3	+	3	=	
4 + 3		+		=	

4 + 5		+		=	
5 + 5	5	+	5	=	
6 + 5		+		=	

5 + 6		+		=	
6 + 6	6	+	6	=	
7 + 6		+		=	

8 + 9		+		=	
9 + 9	9	+	9	=	
10 + 9		+		=	

2   Rechne zuerst die ■-Aufgabe, dann die beiden Nachbaraufgaben.

9 + 0	9 + 1	9 + 2

+	=	9 + 1 =	+	=

6 + 3	6 + 4	6 + 5

+	=	6 + 4 =	+	=

3 + 6	3 + 7	3 + 8

+	=	3 + 7 =	+	=

1 Rechne Aufgabe und Tauschaufgabe.

6 + 3 = ☐   1 + 7 = ☐   2 + 4 = ☐
3 + 6 = ☐   7 + 1 = ☐   4 + 2 = ☐

5 + 2 = ☐   3 + 4 = ☐   9 + 1 = ☐
2 + 5 = ☐   4 + 3 = ☐   1 + 9 = ☐

2 Rechne die kleine und die große Aufgabe.

3 + 2 = ☐   5 + 4 = ☐   4 + 3 = ☐
13 + 2 = ☐   15 + 4 = ☐   14 + 3 = ☐

1 + 6 = ☐   6 + 4 = ☐   8 + 1 = ☐
11 + 6 = ☐   16 + 4 = ☐   18 + 1 = ☐

3 Rechne die leichte Aufgabe und ihre schwierige Nachbaraufgabe.

5 + 5 = ☐   8 + 8 = ☐   6 + 6 = ☐
5 + 6 = ☐   8 + 9 = ☐   6 + 7 = ☐

10 + 6 = ☐   10 + 4 = ☐   10 + 7 = ☐
9 + 6 = ☐   9 + 4 = ☐   9 + 7 = ☐

Schreibe die Uhrzeiten auf.

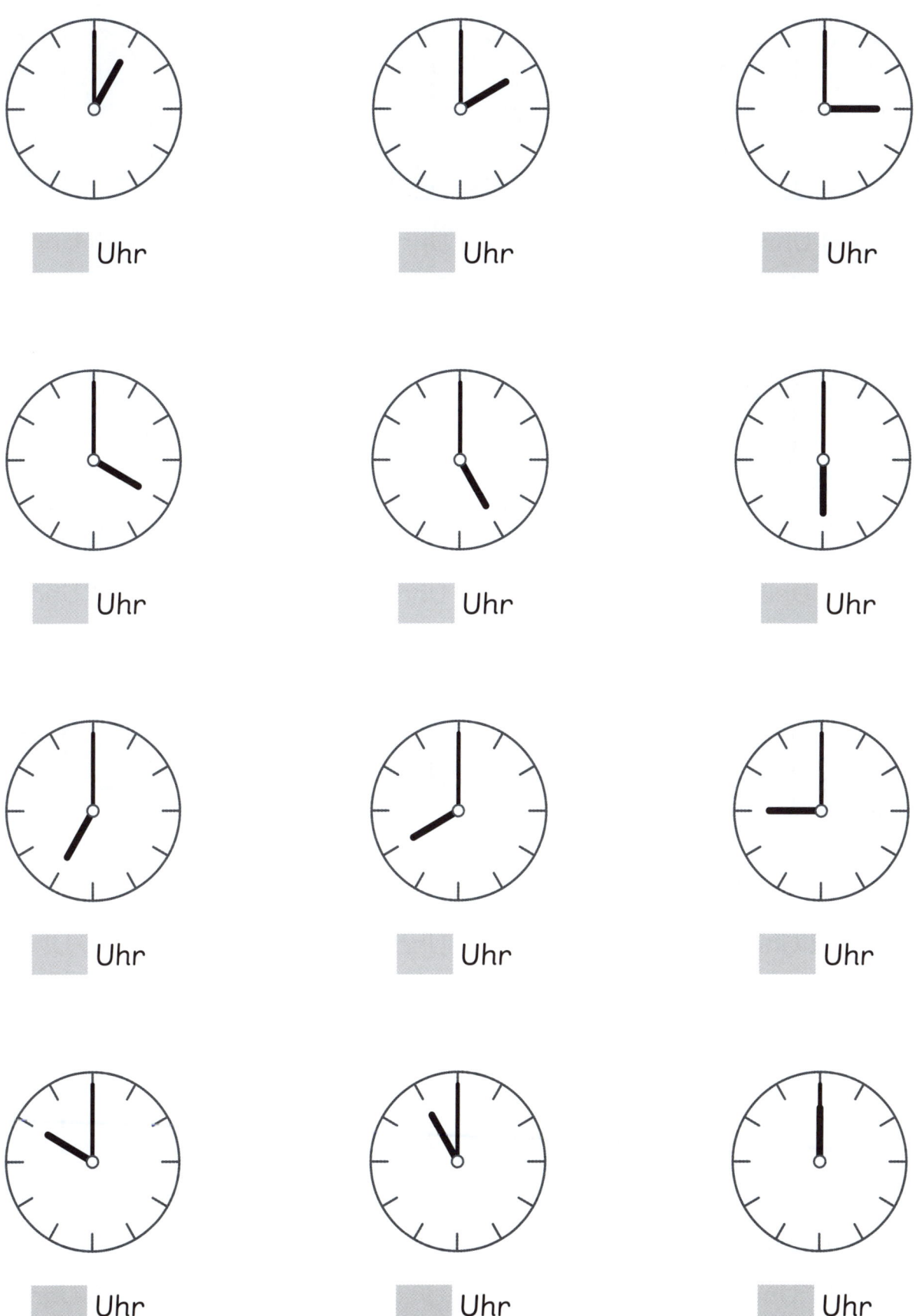

Uhr　　Uhr　　Uhr

Uhr　　Uhr　　Uhr

Uhr　　Uhr　　Uhr

Uhr　　Uhr　　Uhr

✎ Zeichne den Stundenzeiger ein.

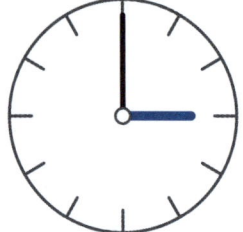

3 Uhr

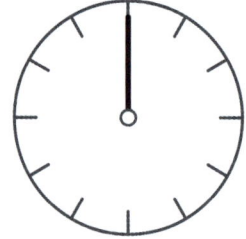

2 Uhr

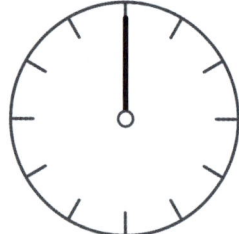

5 Uhr

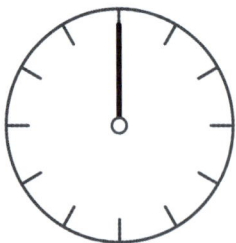

6 Uhr

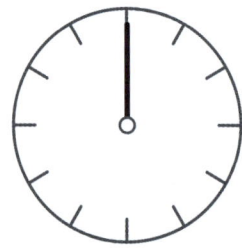

4 Uhr

1 Uhr

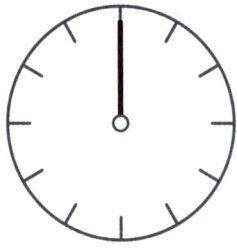

12 Uhr

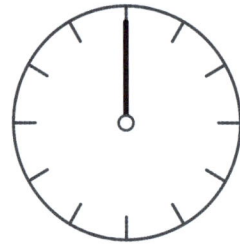

9 Uhr

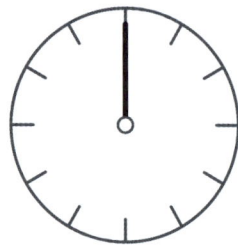

10 Uhr

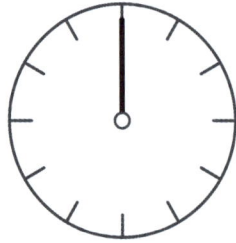

11 Uhr

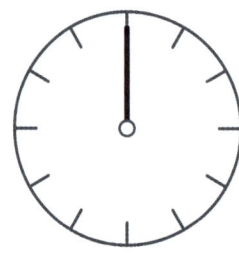

7 Uhr

8 Uhr

Uhrzeit ggf. auf Lernuhr einstellen, fehlenden Stundenzeiger einzeichnen

Rechengeschichten

✏️ Welche Rechengeschichte passt? Male mit der gleichen Farbe an und löse.

Es sind 10 Bananen.
Der Affe frisst 4 Bananen.

Wie viele Bananen sind noch da?

10 − 4 =

Im Kreis stehen 4 Stühle.
Tim bringt noch 2 Stühle dazu.

Wie viele Stühle stehen im Kreis?

4 + 2 =

5 Kinder sitzen im Bus.
3 Kinder steigen noch ein.

Wie viele Kinder sind im Bus?

5 + 3 =

1 Wie viel Euro sind es? Lege nach und rechne.

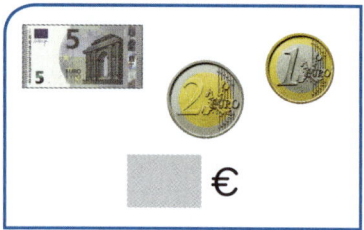

_____ €

_____ €

_____ €

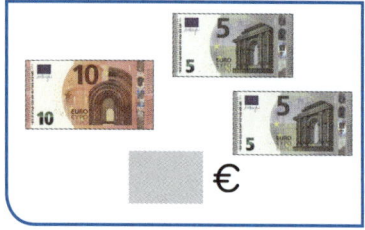

_____ €

_____ €

_____ €

2 Lege mit Münzen und Scheinen. Male.

6 €

9 €

10 €

13 €

15 €

18 €

1 Wie kannst du bezahlen? Lege und male.

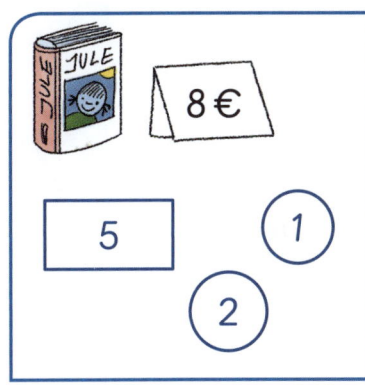

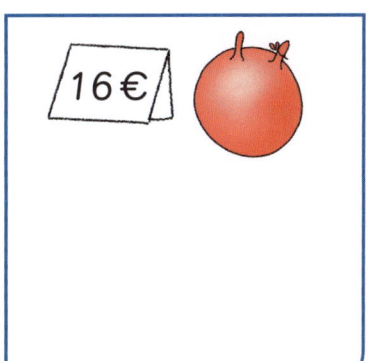

2 Wie viel kostet es zusammen? Lege und rechne.

2 € + 6 € = ☐ €

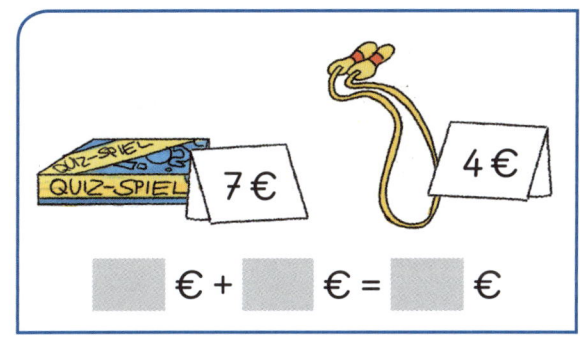

☐ € + ☐ € = ☐ €

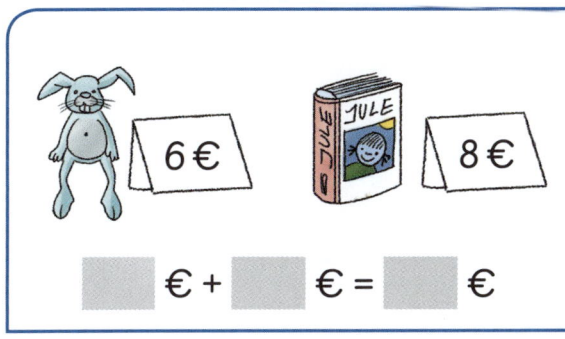

☐ € + ☐ € = ☐ €

☐ € + ☐ € = ☐ €

10 − 0	10 − 1	10 − 2	10 − 3	10 − 4	10 − 5	10 − 6	10 − 7	10 − 8	10 − 9	10 − 10
11 − 0	11 − 1	11 − 2	11 − 3	11 − 4	11 − 5	11 − 6	11 − 7	11 − 8	11 − 9	11 − 10
12 − 0	12 − 1	12 − 2	12 − 3	12 − 4	12 − 5	12 − 6	12 − 7	12 − 8	12 − 9	12 − 10
13 − 0	13 − 1	13 − 2	13 − 3	13 − 4	13 − 5	13 − 6	13 − 7	13 − 8	13 − 9	13 − 10
14 − 0	14 − 1	14 − 2	14 − 3	14 − 4	14 − 5	14 − 6	14 − 7	14 − 8	14 − 9	14 − 10
15 − 0	15 − 1	15 − 2	15 − 3	15 − 4	15 − 5	15 − 6	15 − 7	15 − 8	15 − 9	15 − 10
16 − 0	16 − 1	16 − 2	16 − 3	16 − 4	16 − 5	16 − 6	16 − 7	16 − 8	16 − 9	16 − 10
17 − 0	17 − 1	17 − 2	17 − 3	17 − 4	17 − 5	17 − 6	17 − 7	17 − 8	17 − 9	17 − 10
18 − 0	18 − 1	18 − 2	18 − 3	18 − 4	18 − 5	18 − 6	18 − 7	18 − 8	18 − 9	18 − 10
19 − 0	19 − 1	19 − 2	19 − 3	19 − 4	19 − 5	19 − 6	19 − 7	19 − 8	19 − 9	19 − 10
20 − 0	20 − 1	20 − 2	20 − 3	20 − 4	20 − 5	20 − 6	20 − 7	20 − 8	20 − 9	20 − 10

 Finde die Aufgaben in der Einsminuseinstafel. Male und rechne.

10 − 2	$10 - 2 = 8$
11 − 2	$11 - 2 =$
12 − 2	
13 − 2	

16 − 8	
17 − 8	
18 − 8	
19 − 8	

| 14 − 3 | 14 − 4 | 14 − 5 | 14 − 6 | 14 − 7 | 14 − 8 |

$14 - 3 =$ _____ _____

_____ _____ _____

1 Rechne zuerst die ▦-Aufgabe, dann die beiden Nachbaraufgaben.

11 – 6		–	=
12 – 6	12 – 6 =		
13 – 6		–	=

13 – 7		–	=
14 – 7	14 – 7 =		
15 – 7		–	=

15 – 8		–	=
16 – 8	16 – 8 =		
17 – 8		–	=

17 – 9		–	=
18 – 9	18 – 9 =		
19 – 9		–	=

2 Rechne zuerst die ▦-Aufgabe, dann die beiden Nachbaraufgaben.

13 – 2	13 – 3	13 – 4

– =	13 – 3 =	– =

16 – 5	16 – 6	16 – 7

– =	16 – 6 =	– =

17 – 6	17 – 7	17 – 8

– =	17 – 7 =	– =

1 Rechne die Aufgabe und ihre Nachbaraufgabe.

7 – 3 = ☐   10 – 4 = ☐   9 – 2 = ☐
7 – 4 = ☐   10 – 5 = ☐   9 – 3 = ☐

15 – 5 = ☐   17 – 7 = ☐   18 – 8 = ☐
15 – 4 = ☐   17 – 6 = ☐   18 – 7 = ☐

2 Rechne die kleine und die große Aufgabe.

4 – 2 = ☐   6 – 3 = ☐   5 – 4 = ☐
14 – 2 = ☐   16 – 3 = ☐   15 – 4 = ☐

8 – 1 = ☐   7 – 5 = ☐   9 – 3 = ☐
18 – 1 = ☐   17 – 5 = ☐   19 – 3 = ☐

3 Halbiere.

6 – 3 = ☐   8 – 4 = ☐   4 – 2 = ☐

10 – 5 = ☐   16 – 8 = ☐   12 – 6 = ☐

14 – 7 = ☐   18 – 9 = ☐   20 – 10 = ☐

1 Rechne zuerst zur 10.

$8 + 5 =$ ▢ $\qquad$ $6 + 9 =$ ▢ $\qquad$ $4 + 8 =$ ▢

_____ $\qquad$ _____ $\qquad$ _____

_____ $\qquad$ _____ $\qquad$ _____

2 Rechne im Kopf.

$7 + 7 =$ ▢ $\qquad$ $9 + 3 =$ ▢ $\qquad$ $8 + 6 =$ ▢

$5 + 6 =$ ▢ $\qquad$ $8 + 8 =$ ▢ $\qquad$ $2 + 9 =$ ▢

3 Rechne zuerst zur 10.

$11 - 6 =$ ▢ $\qquad$ $13 - 9 =$ ▢ $\qquad$ $14 - 8 =$ ▢

_____ $\qquad$ _____ $\qquad$ _____

_____ $\qquad$ _____ $\qquad$ _____

4 Rechne im Kopf.

$12 - 7 =$ ▢ $\qquad$ $11 - 5 =$ ▢ $\qquad$ $13 - 5 =$ ▢

$15 - 6 =$ ▢ $\qquad$ $14 - 7 =$ ▢ $\qquad$ $17 - 8 =$ ▢

Rechne. Male die Felder mit den Lösungszahlen an.

4 + 3 =

1 + 2 =

5 + 4 =

16 + 1 =

11 + 7 =

13 + 2 =

4 + 7 =

9 + 5 =

7 + 6 =

4 − 2 =

8 − 3 =

9 − 5 =

19 − 9 =

20 − 4 =

15 − 3 =

12 − 4 =

11 − 10 =

14 − 8 =

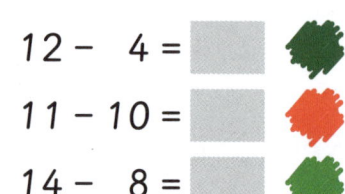

80

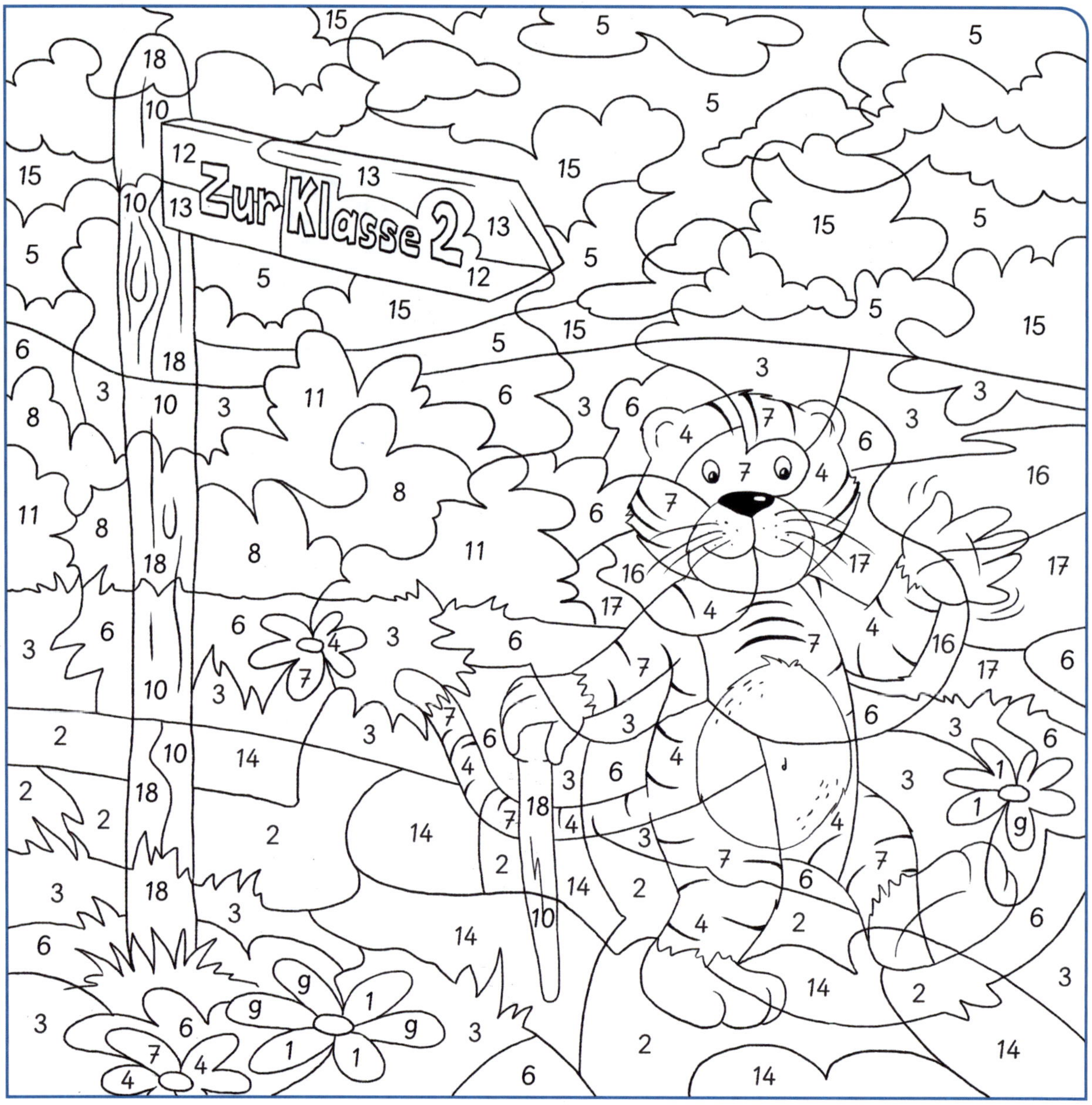